主催　一般財団法人　全日本情報学習振興協会

問題

ワークスタイルコーディネーター認定試験

第1課題. 働き方改革総論

第2課題. 働き方に関する現行法の理解

問題数　70問

制限時間　120分

― 《注意事項》 ―

1. 合図があるまで、問題用紙を開かないで下さい。
2. 試験委員の指示をよく聞いて下さい。
3. 受験票、筆記用具以外のものは、机の上に出さないで下さい。
4. 解答用紙はマークシートです。下記の記入にあたっての注意をよくお読み下さい。

マークシートの記入にあたっての注意
- HBまたはBの黒の鉛筆、シャープペンシルを使用して下さい。
- 用紙の折り曲げは厳禁です。
- 訂正の場合は消しゴムできれいに消し、消しクズなどが残らないようにして下さい。
- 枠内からはみ出さないようにして下さい。
- 氏名・会場名等、必要事項をご記入下さい。
- 受験番号につきましては、番号を記入しマーク欄も必ずマークして下さい。
- 受験番号欄でのマークミスは採点対象外（失格）となりますので特にご注意下さい。

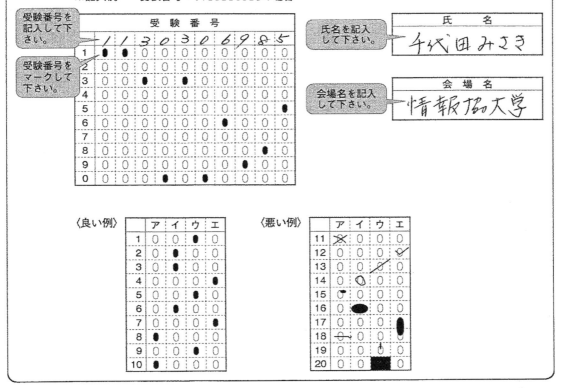

・本試験中の「現行（法）」とは、2018年3月時点のものを指す。

・本試験中で略記した法令名は下記の通り。

育児介護休業法（育児休業、介護休業等育児又は家族介護を行う労働者の福祉に関する法律）

技能実習法（外国人の技能実習の適正な実施及び技能実習生の保護に関する法律）

高年齢者雇用安定法（高年齢者等の雇用の安定等に関する法律）

障害者雇用促進法（障害者の雇用の促進等に関する法律）

女性活躍推進法（女性の職業生活における活躍の推進に関する法律）

男女雇用機会均等法（雇用の分野における男女の均等な機会及び待遇の確保等に関する法律）

パートタイム労働法（短時間労働者の雇用管理の改善等に関する法律）

労働者派遣法（労働者派遣事業の適正な運営の確保及び派遣労働者の保護等に関する法律）

若者雇用促進法（青少年の雇用の促進等に関する法律）

第1課題. 働き方改革総論

問題１． 我が国の経済社会の現状に関する以下のアからエまでの記述のうち、誤っているものを１つ選びなさい。

ア．我が国の合計特殊出生率は、1984年の1.81から2005年の1.26まで低下したが、2016年は1.8程度で推移している。

イ．完全失業率は、2011年から2016年まで、６年連続で低下し、2016年の年平均は3.1％となっている。

ウ．「労働参加率」は、生産年齢人口に占める労働力人口の割合であるが、近年我が国では、労働参加率は上昇傾向にあり、女性の労働参加率の伸びが大きい。

エ．有効求人倍率は、リーマンショック直後に年平均最低を記録して以降、増加傾向を続け、2016年の年平均は1.36までに回復しており、雇用情勢は「売り手市場」の状況にあるといえる。

問題２． 次の図は、１人当たり平均年間総実労働時間（雇用者）の国際比較の結果を表している。（　）に入る最も適切な語句の組合せを、以下のアからエまでのうち１つ選びなさい。

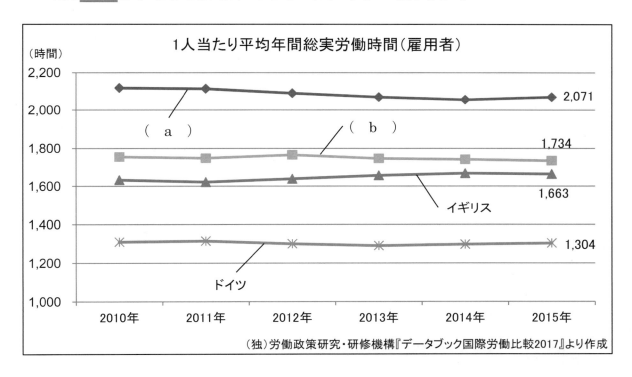

ア．a. 日本　　　　b. 韓国
イ．a. フランス　　b. 韓国
ウ．a. アメリカ　　b. フランス
エ．a. 韓国　　　　b. 日本

問題3． 次の表は、「仕事と生活の調和推進のための行動指針」における、政策によって一定の影響を及ぼすことのできる指標について、取組みが進んだ場合に達成される水準として数値目標を設定したものの一部を表している。（　）に入る最も適切な数値の組合せを、以下のアからエまでのうち1つ選びなさい。

数値目標設定指標	現状（2015年）	目標値（2020年）
年次有給休暇取得率	（ a ）%	70%
男性の育児休業取得率	2.65%	（ b ）%
メンタルヘルスケアに関する措置を受けられる職場の割合	59.7%	（ c ）%

内閣府『仕事と生活の調和（ワーク・ライフ・バランス）レポート2016』より作成

ア．a. 48.7　　b. 13　　c. 100
イ．a. 48.7　　b. 5　　c. 70
ウ．a. 60.2　　b. 13　　c. 70
エ．a. 60.2　　b. 5　　c. 100

問題4． 次の図は、ダイバーシティ経営に関する調査において、回答率が高かった項目を順に5つ並べたものである。（　）に入る最も適切な語句の組合せを、以下のアからエまでのうち1つ選びなさい。

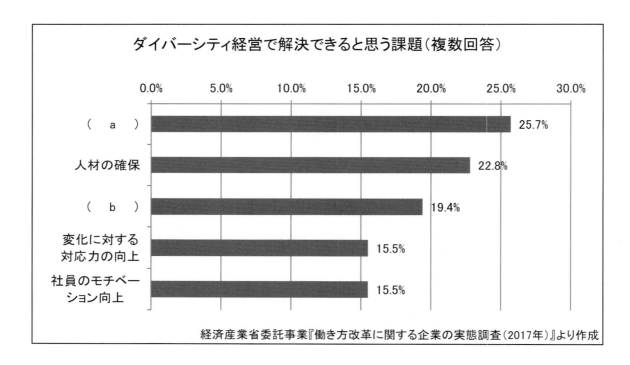

ア．a. 優秀な人材獲得　　　　b. 資金調達力の向上
イ．a. 労働生産性の向上　　　b. 社会貢献、地域貢献の強化
ウ．a. 優秀な人材獲得　　　　b. 人材の能力開発
エ．a. 女性管理職の増大　　　b. 労働生産性の向上

問題５．次の図は、60歳以降も収入を伴う仕事をする場合に希望する、就労形態に関する意識調査の結果を示している。図中の（　）に入る最も適切な語句の組合せを、以下のアからエまでのうち１つ選びなさい。

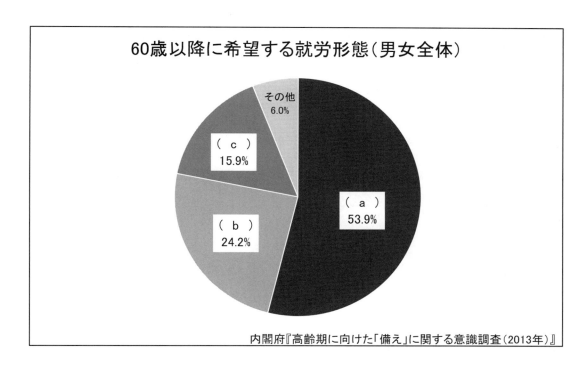

ア．a．フルタイムの社員・職員　　b．パートタイムの社員・職員　　c．自営業・個人事業主など
イ．a．パートタイムの社員・職員　　b．フルタイムの社員・職員　　c．自営業・個人事業主など
ウ．a．自営業・個人事業主など　　b．フルタイムの社員・職員　　c．パートタイムの社員・職員
エ．a．パートタイムの社員・職員　　b．自営業・個人事業主など　　c．フルタイムの社員・職員

問題６．平成29年版厚生労働白書における一億総活躍社会に関する次の文章中の（　）に入る最も適切な語句の組合せを、以下のアからエまでのうち１つ選びなさい。

　　一億総活躍社会とは、「（　a　）」を生み出していく新たな経済社会システムの提案である。すなわち、全ての人が包摂される社会、一億総活躍社会が実現できれば、安心感が醸成され、将来の見通しが確かになり、消費の底上げ、投資の拡大にもつながる。さらに、１人１人の多様な能力が十分に発揮され、多様性が認められる社会を実現できれば、新たな着想による（　b　）の創出を通じて、生産性が向上し、経済成長を加速することが期待される。

ア．a．成長と分配の好循環　　b．イノベーション
イ．a．成長と分配の好循環　　b．ワークスタイル
ウ．a．地域包括ケアシステム　　b．イノベーション
エ．a．地域包括ケアシステム　　b．ライフスタイル

問題7．次の平成29年版厚生労働白書における保育の受け皿確保に関する文章を読み、文章中のアからエまでの下線部の内容のうち、誤っているものを1つ選びなさい。

　待機児童の解消を図るため、厚生労働省では、(ア)「待機児童解消加速化プラン」を策定し、2017年度末までに新たに40万人分の保育の受け皿確保を目指すこととした。この目標は、2015年11月に策定された「一億総活躍社会の実現に向けて緊急に実施すべき対策」に基づき、(イ)50万人分に引き上げられた。

　2017年6月には、今後も女性の就業率の上昇や、保育の利用希望の増加が見込まれる中、(ウ)「子育て安心プラン」が公表され、2022年度末までの5年間で、(エ)女性就業率100%にも対応できるよう、約32万人分の保育の受け皿を整備することとしている。

問題8．次の図は、我が国における民事上の個別労働紛争の主な相談内容の件数の推移を示している。（　）に入る最も適切な語句の組合せを、以下のアからエまでのうち1つ選びなさい。

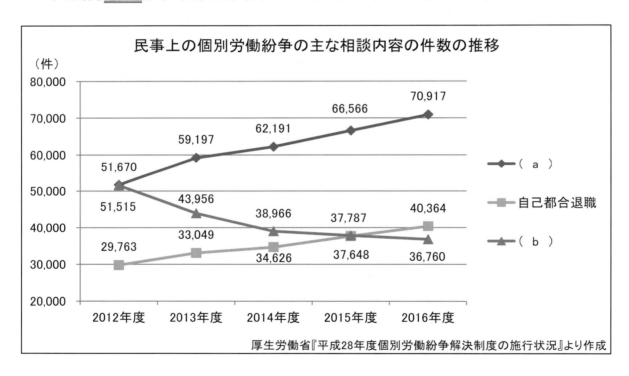

ア．a．いじめ・嫌がらせ　　b．解雇
イ．a．いじめ・嫌がらせ　　b．募集・採用
ウ．a．労働条件の引下げ　　b．雇止め
エ．a．解雇　　　　　　　　b．いじめ・嫌がらせ

問題9. 次の図は、「仕事や職業生活に関する強い不安、悩み、ストレス」に関する調査結果として、回答率の高かった項目を順に5つ並べたものである。（　）に入る最も適切な語句の組合せを、以下のアからエまでのうち1つ選びなさい。

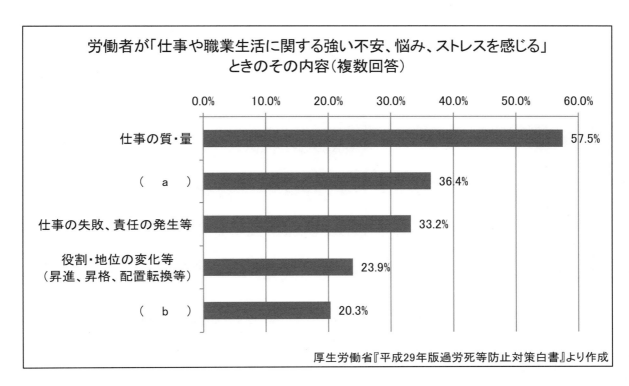

ア．a．対人関係（セクハラ・パワハラを含む。）　　b．事故や災害の体験
イ．a．対人関係（セクハラ・パワハラを含む。）　　b．会社の将来性
ウ．a．雇用の安定性　　b．会社の将来性
エ．a．雇用の安定性　　b．事故や災害の体験

問題10. 働き方改革に関する次の文章中の（　）に入る最も適切な語句の組合せを、以下のアからエまでのうち1つ選びなさい。

　　働き方改革の実現を目的とする実行計画の策定等に係る審議に資するため、2016年9月に（　a　）により「（　b　）」が設置され、長時間労働の是正や、非正規の処遇改善などを検討し、具体的な方向性を示すための議論が行われた。働き方改革実行計画は（　b　）の成果であり、働く人の実態を最もよく知っている（　c　）、さらには他の有識者も含め合意形成をしたものである。

ア．a．厚生労働大臣　　b．働き方改革実現会議　　c．労働者側と使用者側
イ．a．厚生労働大臣　　b．ニッポン一億総活躍プラン　　c．使用者側
ウ．a．内閣総理大臣　　b．ニッポン一億総活躍プラン　　c．労働者側
エ．a．内閣総理大臣　　b．働き方改革実現会議　　c．労働者側と使用者側

問題11. 次の図は、国内企業に対して行ったアンケートにおいて働き方改革に取り組む目的として回答率の高かった項目を順に5つ並べたものである。（　）に入る最も適切な語句の組合せを、以下のアからエまでのうち1つ選びなさい。

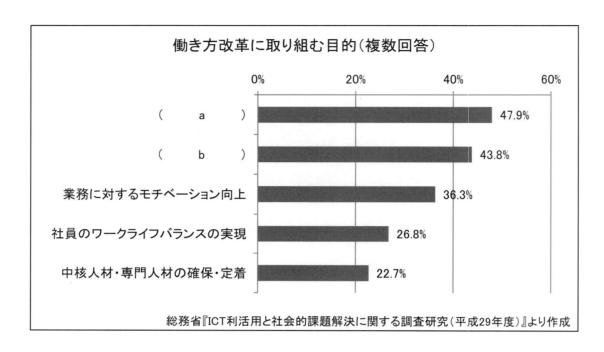

ア．a．育児、配偶者転勤等による退職の防止　　b．介護による退職の防止
イ．a．人手の確保　　b．労働生産性の向上
ウ．a．イノベーション創出に向けた環境作り　　b．労働生産性の向上
エ．a．人手の確保　　b．イノベーション創出に向けた環境作り

問題12. 次の図は、パートタイム労働者に対する各種手当等の実施・支給状況を示している。（　）に入る最も適切な語句の組合せを、以下のアからエまでのうち１つ選びなさい。

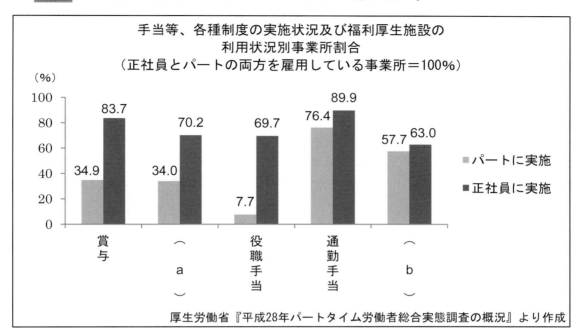

ア．a．慶弔休暇　　b．退職金
イ．a．定期的な昇給　b．慶弔休暇
ウ．a．退職金　　　b．休憩室の利用
エ．a．定期的な昇給　b．休憩室の利用

問題13. 次の図は、総務省の労働力調査（詳細集計／2017年平均（速報））における非正規の職員・従業員が現在の雇用形態についた主な理由（男女別割合）を示している。（　）に入る最も適切な語句の組合せを、以下のアからエまでのうち１つ選びなさい。

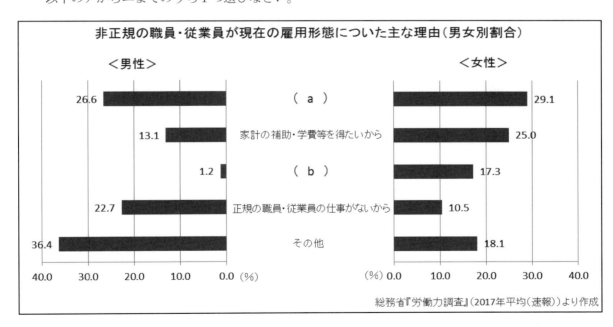

ア．a．家事・育児・介護等と両立しやすいから　　b．自分の都合のよい時間に働きたいから
イ．a．家事・育児・介護等と両立しやすいから　　b．通勤時間が短いから
ウ．a．自分の都合のよい時間に働きたいから　　　b．専門的な技能等をいかせるから
エ．a．自分の都合のよい時間に働きたいから　　　b．家事・育児・介護等と両立しやすいから

ワークスタイルコーディネーター認定試験　問題
第１課題. 働き方改革総論

問題14.　同一労働同一賃金ガイドライン案に関する以下のアからエまでの記述のうち、誤っているものを.1 つ選びなさい。

ア．本ガイドライン案は、正規か非正規かという雇用形態にかかわらない均等・均衡待遇を確保し、同一労働同一賃金の実現に向けて策定するものである。

イ．正規雇用労働者と非正規雇用労働者の間に実際に待遇差が存在する場合に参照されることを目的としているため、そもそも客観的に見て待遇差が存在しない場合は、本ガイドライン案は対象としていない。

ウ．現状の同一労働同一賃金のガイドライン案は、基本給、昇給、ボーナス、各種手当といった賃金に関わるもののみを対象としているため、教育訓練や福利厚生をも含めた新ガイドライン案の策定が急がれている。

エ．各企業が職務や能力等の内容の明確化と、それに基づく公正な評価を推進し、それに則った賃金制度を、労使の話し合いにより、可能な限り速やかに構築していくことが、同一労働同一賃金の実現には望ましい。

問題15.　同一労働同一賃金ガイドライン案で述べられている内容について【問題文 A】および【問題文 B】に示された、問題となる例と問題とならない例の組合せとして適切なものを、以下のアからエまでのうち１つ選びなさい。

【問題文A】　基本給について労働者の勤続年数に応じて支給している X 社において、有期雇用労働者である Y に対し、勤続年数について当初の雇用契約開始時から通算せず、その時点の雇用契約の期間のみの評価により支給している。

【問題文B】　Z 社においては、無期雇用フルタイム労働者・有期雇用労働者・パートタイム労働者の別を問わず、勤務曜日・時間を特定して勤務する労働者については、採用が難しい曜日（土日祝祭日）や時間帯（早朝・深夜）の時給を上乗せして支給するが、それ以外の労働者にはそのような上乗せ支給はしない。

ア．A＝問題となる例　　　　　B＝問題とならない例

イ．A＝問題となる例　　　　　B＝問題となる例

ウ．A＝問題とならない例　　　B＝問題となる例

エ．A＝問題とならない例　　　B＝問題とならない例

問題16. 次の図は、2016年のOECD加盟諸国（35か国比較）の時間当たり労働生産性に関する調査結果の一部を示している。（　）に入る最も適切な語句の組合せを、以下のアからエまでのうち1つ選びなさい。

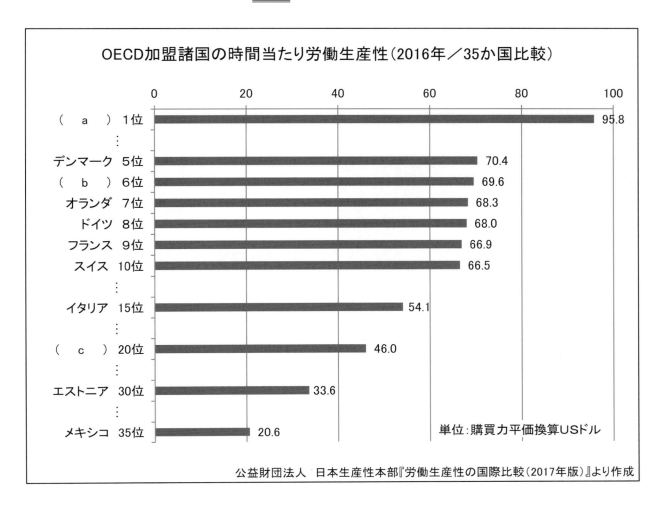

ア．a．アイルランド　　b．日本　　　　　c．米国
イ．a．米国　　　　　　b．ベルギー　　　c．日本
ウ．a．アイルランド　　b．米国　　　　　c．日本
エ．a．日本　　　　　　b．アイルランド　c．ノルウェー

問題17. 働き方改革実行計画における賃金引き上げと労働生産性向上に関する以下のアからエまでの記述のうち、下線部の内容が誤っているものを1つ選びなさい。

ア．企業収益を継続的に賃上げに確実につなげ、近年低下傾向にある労働分配率を上昇させ、経済の好循環をさらに確実にすることにより総雇用者所得を増加させていく。

イ．生産性向上に資する人事評価制度や賃金制度を整備し、生産性向上と賃上げを実現した企業への助成制度を創設した。

ウ．中小・小規模事業者の取引条件を改善するため、50年ぶりに、下請代金の支払について通達を見直し、これまで下請事業者の資金繰りを苦しめてきた手形払いの慣行を断ち切り、現金払いを原則とする。

エ．最低賃金については、年率5％程度を目途として、名目GDPの成長率にも配慮しつつ引き上げ、全国加重平均が1,000円になることを目指す。

ワークスタイルコーディネーター認定試験　問題
第１課題. 働き方改革総論

問題18.　働き方改革実行計画で述べられている法改正による時間外労働の上限規制に関する以下のアからエまでの記述のうち、下線部の内容が誤っているものを１つ選びなさい。

ア．週40時間を超えて労働可能となる時間外労働の限度を定め、違反には特例の場合を除いて罰則を課すとしている。

イ．臨時的な特別の事情がある場合でも、時間外労働の限度の原則を上回る特例の適用は年６回を上限とする。

ウ．現行の時間外労働の規制では、36協定で締結できる時間外労働の上限を、原則、月45時間以内、かつ年360時間以内と定めているが、罰則等による強制力がない。

エ．上回ることのできない時間外労働の上限を、特例として臨時的な特別の事情があり、労使が合意して労使協定を結ぶ場合においても、年960時間とする。

問題19.　次の表は、働き方改革実行計画で示されている、現行の36協定で適用除外等の取扱いを受けている業種における、労働基準法改正後の対応内容である。（　　）に入る最も適切な語句の組合せを、以下のアからエまでのうち１つ選びなさい。

業種	現行の適用除外等の取扱い	
（　a　）	改正法の一般則の施行期日の５年後に、年960時間以内の規制を適用することとし、かつ、将来的には一般則の適用を目指す旨の規定を設ける。	
（　b　）	改正法の一般則の施行期日の５年後に、罰則付き上限規制の一般則を適用する（ただし、復旧・復興の場合については、単月で100時間未満、２か月ないし６か月の平均で80時間以内の条件は適用しない）。併せて、将来的には一般則の適用を目指す旨の規定を設ける。	

ア．a．自動車運転　　　　b．建設
イ．a．研究開発　　　　　b．建設
ウ．a．医師　　　　　　　b．研究開発
エ．a．自動車運転　　　　b．医師

10

問題20. 働き方改革実行計画における長時間労働の是正に関する【問題文A】から【問題文C】の内容として正しいものを、以下のアからエまでのうち1つ選びなさい。

【問題文A】官民連携の下でプレミアムフライデーを実施し、月末の金曜日に有休取得やフレックス制度の活用等による早期退社といった働き方改革を促し、消費活性化のきっかけとする。

【問題文B】働き方改革実行計画では、労働時間等の設定の改善に関する特別措置法を改正し、事業者は、前日の終業時刻と翌日の始業時刻の間に一定時間の休息の確保をしなければならない義務を課すとしている。

【問題文C】過労死等防止対策推進法に基づく大綱においてメンタルヘルス対策等の新たな目標を掲げることを検討するなど、政府目標を見直す。

ア．Aのみ誤っている。

イ．Bのみ誤っている。

ウ．Cのみ誤っている。

エ．すべて正しい。

問題21. 次の職場のパワーハラスメントに関する会話文を読み、文章中のアからエまでの下線部の内容のうち、誤っているものを1つ選びなさい。

Aさん：職場のパワーハラスメントとはなんですか？

Bさん：職場のパワーハラスメントとは、同じ職場で働く者に対して、職務上の地位や人間関係などの (ア) 職場内での優位性を背景に、業務の適正な範囲を超えて、(イ) 精神的・身体的苦痛を与える又は職場環境を悪化させる行為をいいます。

Aさん：職場のパワーハラスメントには、具体的にどんなものがあるのですか？

Bさん：大きく分けて、①身体的な攻撃、②精神的な攻撃、③人間関係からの切り離し、④過大な要求、⑤過小な要求、⑥個の侵害の6類型があると言われています。

Aさん：例えば、「1人では遂行不可能な業務を押し付けられた挙句、皆先に帰ってしまった場合」は、先ほどの6類型のうち、どの類型にあてはまりますか？

Bさん：その場合は (ウ) 人間関係からの切り離しにあてはまります。

Aさん：職場のパワーハラスメントを防止するには企業の人たちはどうしたらいいのでしょうか？

Bさん：1つは、企業として「職場のパワーハラスメントはなくすべきものである」という方針を、(エ) 企業のトップから明確に打ち出すことが望まれます。組織として、そのような方針が明確になることにより、相手の人格を認め、尊重し合いながら仕事を進める意識が育まれると思います。

Aさん：他にも、職場のパワーハラスメントに関する研修を行って、皆さんに受講してもらうのも良い方法かもしれませんね。

問題22. 短時間正社員制度に関する次の文章中の（ ）に入る最も適切な語句の組合せを、以下のアからエまでのうち1つ選びなさい。

　　短時間正社員制度は、育児・介護等と仕事を両立したい社員、定年後も働き続けたい高齢者等、様々な人材に、勤務時間や勤務日数をフルタイム正社員よりも短くしながら活躍してもらうための仕組みである。
　　また、短時間正社員とは、フルタイム正社員と比較して、（ a ）の所定労働時間が短い正規型の社員であって、次のいずれにも該当する社員のことを言う。
　① （ b ）労働契約を締結している
　② 時間当たりの基本給及び賞与・退職金等の算定方法等が同種のフルタイム正社員と同等

ア．a. 1か月　　　b. 無期もしくは有期
イ．a. 1週間　　　b. 無期
ウ．a. 1か月　　　b. 有期
エ．a. 1週間　　　b. 無期もしくは有期

問題23. 次の図は、企業におけるテレワークの実施目的に関する調査で回答率の高かった項目を順に5つ並べたものである。（ ）に入る最も適切な語句の組合せを、以下のアからエまでのうち1つ選びなさい。

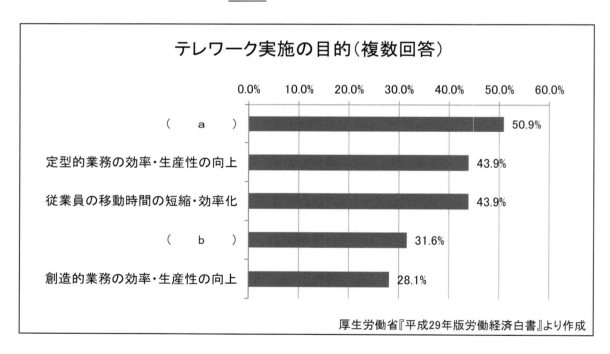

厚生労働省『平成29年版労働経済白書』より作成

ア．a. 家庭生活を両立させる従業員への対応　　b. 優秀な人材の雇用確保
イ．a. 従業員のゆとりと健康的な生活の確保　　b. 家庭生活を両立させる従業員への対応
ウ．a. 家庭生活を両立させる従業員への対応　　b. 従業員のゆとりと健康的な生活の確保
エ．a. 優秀な人材の雇用確保　　　　　　　　　b. 家庭生活を両立させる従業員への対応

問題24. 働き方改革実行計画におけるテレワークに関する以下のアからエまでの記述のうち、誤っているものを
1つ選びなさい。

ア．テレワークは、時間や空間の制約にとらわれることなく働くことができるため、子育て、介護と仕事の両
立の手段となり、多様な人材の能力発揮が可能となる。

イ．テレワークの導入に当たっては、労働時間の管理を適切に行なうことが必要であるが、育児や介護などで
仕事を中抜けする場合の労働時間の取扱いや、半日だけテレワークをする際の移動時間の取扱方法があき
らかにされていない。

ウ．国家戦略特区により、テレワーク導入企業に対するワンストップの相談支援を実施するとしている。

エ．近年、モバイル機器の普及に伴い、仕事と家庭の両立のため自宅で働く形態が増加し、サテライトオフィ
ス勤務等といった形態は減少している。

問題25. 働き方改革実行計画における副業・兼業に関する以下のアからエまでの記述のうち、誤っているものを
1つ選びなさい。

ア．副業や兼業は、新たな技術の開発、オープンイノベーションや起業の手段、そして第2の人生の準備とし
て有効である。

イ．我が国の場合、副業・兼業を認めている企業は、いまだ極めて少なく、その普及を図っていくことは重要
である。

ウ．本業への労務提供や事業運営、会社の信用・評価に支障が生じる場合があるため、原則として、副業・兼
業を認めない方向でモデル就業規則を改定するが、合理的な理由なく副業・兼業を制限できないことを周
知していく。

エ．副業・兼業を通じた創業・新事業の創出や副業・兼業者の受入れなどによる中小企業の人手不足対応につ
いて、多様な先進事例の周知啓発や、相談体制の充実を図る。

問題26. 働き方改革実行計画における病気の治療と仕事の両立に関する以下のアからエまでの記述のうち、下線
部の内容が誤っているものを1つ選びなさい。

ア．会社の意識改革と受入れ体制の整備が必要であるため、経営トップ、管理職等の意識改革や両立を可能と
する社内制度の整備を促す。

イ．企業トップ自らがリーダーシップを発揮し、働く人の心身の健康の保持増進を経営課題として明確に位置
づけ、病気の治療と仕事の両立支援を含め積極的に取り組むことを強力に推進する。

ウ．産業医には、医療や心理学、労働関係法令や労務管理に関する知識を身に付け、患者、主治医、会社など
のコミュニケーションのハブとして機能することが期待される。

エ．過重な長時間労働やメンタル不調などにより過労死等のリスクが高い状況にある労働者を見逃さないため、
産業医による面接指導や健康相談等が確実に実施されるようにし、企業における労働者の健康管理を強化
する。

ワークスタイルコーディネーター認定試験　問題
第1課題．働き方改革総論

問題27．　働き方改革実行計画で述べられている子育て・介護と仕事の両立に関する以下のアからエまでの記述の
　　　　　うち、下線部の内容が誤っているものを1つ選びなさい。

ア．　自らのライフステージに合わせ、<u>男女とも仕事と育児・介護等との両立ができるよう</u>、保育の受け皿・介
　　　護サービス等の整備や保育・介護人材の処遇改善を進めつつ、両立支援策を強化していく。

イ．　「介護離職ゼロ」に向け、介護の受け皿については、<u>2020年代初頭までに、10万人分以上</u>の整備を確実に
　　　推進する。

ウ．　<u>部下や同僚の育児・介護等に配慮・理解のある上司（イクボス）を増やすため</u>、ロール・モデル集の作成
　　　やイクボス宣言を広める。

エ．　男性育児休業の取得状況の見える化を推進する観点から、<u>次世代育成支援対策推進法の一般事業主行動計
　　　画の記載事項の見直しを2017年度に行う</u>とともに、同法の改正後5年に当たる2020年度までに、男性の育
　　　児参加を促進するための更なる方策を検討する。

問題28．　働き方改革実行計画における障害者等の就労に関する以下のアからエまでの記述のうち、下線部の内容
　　　　　が誤っているものを1つ選びなさい。

ア．　障害者等が希望や能力、適性を十分に活かし、<u>障害の特性等に応じて</u>最大限活躍できることが普通になる
　　　社会を目指す。

イ．　障害者の在宅就業等を促進するため、在宅就業する障害者と発注企業を仲介する事業のモデル構築や、優
　　　良な仲介事業の見える化を支援するとともに、<u>在宅就業支援制度（在宅就業障害者に仕事を発注した企業
　　　に特例調整金等を支給）</u>の活用促進を図る。

ウ．　<u>2020年4月より法定雇用率を引き上げる</u>とともに、障害者雇用ゼロ企業が障害者の受入れを進めるため、
　　　実習での受入れ支援や、障害者雇用に関するノウハウを付与する研修の受講を進めるほか、障害者雇用に
　　　知見のある企業OB等の紹介・派遣を行う。

エ．　発達障害やその可能性のある者も含め、障害の特性に応じて一貫した修学・就労支援を行えるよう、教育委
　　　員会・大学、福祉・保健・医療・労働等関係行政機関と企業が<u>連携する体制を構築する</u>。

問題29．　外国人材に関する以下のアからエまでの記述のうち、下線部の内容が<u>誤っている</u>ものを1つ選びなさい。

ア．　厚生労働省の「『外国人雇用状況』の届出状況まとめ（平成29年10月末現在)」によれば、日本の外国人労
　　　働者数は約128万人となり、<u>過去最高を更新した</u>。

イ．　厚生労働省の「『外国人雇用状況』の届出状況まとめ（平成29年10月末現在)」によれば、日本の外国人労
　　　働者を国籍別で見ると、<u>ベトナムが最も多く約37万人</u>で、外国人労働者全体の約3割を占める。

ウ．　経済連携協定（EPA）等に基づく外国人看護師候補者及び介護福祉士候補者の受入れは、<u>2008年度にイン
　　　ドネシア</u>から実施されている。

エ．　2020年東京オリンピック・パラリンピック競技大会関連の業種需要に的確に対応するための緊急かつ時限
　　　的措置として、<u>建設分野における外国人の受入れ</u>の実施が決定され、2015年度初頭から受入れを開始して
　　　いる。

14

問題30. 働き方改革実行計画における外国人材の受入れに関する次の文章中の（　）に入る最も適切な語句の組合せを、以下のアからエまでのうち1つ選びなさい。

　　日本で就労する外国人材は、評価システムが不透明であることや、求められる日本語の水準が高いこと等を不満に感じており、我が国経済社会の活性化に資する（ a ）の外国人材を更に積極的に受け入れていくためには、外国人材にとっても魅力ある就労環境等を整備していく必要がある。
　　加えて、優秀な人材の獲得競争が世界でますます激化していく中で、高度な外国人材を我が国に惹き付け、長期にわたり活躍してもらうため、高度外国人材の永住許可申請に要する在留期間を現行の5年から世界最速級の（ b ）年とする日本版高度外国人材（ c ）を創設する。

ア．a．留学等の資格外活動　　b．1　　c．ブルーカード
イ．a．専門的・技術的分野　　b．1　　c．グリーンカード
ウ．a．留学等の資格外活動　　b．2　　c．グリーンカード
エ．a．専門的・技術的分野　　b．2　　c．ブルーカード

問題31. 働き方改革実行計画で述べられている女性・若者が活躍しやすい環境整備に関する以下のアからエまでの記述のうち、下線部の内容が誤っているものを1つ選びなさい。

ア．第4次産業革命が働く人に求められるスキルを急速に変化させているため、介護分野を中心に、今後需要増加が見込まれるスキルに関する専門教育講座を開拓・見える化し、その受講を支援する。
イ．1人ひとりのライフステージに合った仕事を選択しやすくするため、雇用保険法を改正し、職場で求められるスキルに直結する専門教育講座の受講費用に対する教育訓練給付を拡充する。
ウ．子育て等により離職した女性のリカレント教育など個人の主体的な学び直しを通じたキャリアアップ・再就職への支援を抜本的に拡充する。
エ．我が国では正社員だった女性が育児で一旦離職すると、復職や再就職を目指す際に、過去の経験、職業能力を活かせない職業に就かざるを得ないことが、労働生産性の向上の点でも問題を生じさせている。

問題32. 女性・若者が活躍しやすい環境整備に関する次の文章中の（　）に入る最も適切な語句の組合せを、以下のアからエまでのうち1つ選びなさい。

　　右図の（ a ）マークとは、（ b ）に基づき、一般事業主行動計画を策定した企業のうち、計画に定めた目標を達成し、一定の基準を満たした企業は、申請を行うことによって「（ c ）」として、厚生労働大臣の認定を受けることができ、（ a ）マークを商品、広告、求人広告などにつけ、（ c ）であることをPRできる。

ア．a．えるぼし　　b．女性活躍推進法　　　　　　c．子育てサポート企業
イ．a．えるぼし　　b．次世代育成支援対策推進法　　c．イクメン
ウ．a．くるみん　　b．次世代育成支援対策推進法　　c．子育てサポート企業
エ．a．くるみん　　b．女性活躍推進法　　　　　　c．イクメン

問題33. 働き方改革実行計画における教育環境の整備の方向性に関する【問題文A】から【問題文C】の下線部の内容として正しいものを、以下のアからエまでのうち1つ選びなさい。

【問題文A】働き方改革実行計画では、給付型奨学金を創設し、低所得世帯の進学者2万人に対し、国公私や通学形態の違いにより月額2万円から4万円を給付するとしている。

【問題文B】働き方改革実行計画では、財源を確保しながら幼児教育無償化を段階的に推進するとともに、国公私立を通じた義務教育段階の就学支援、高校生等奨学給付金、大学等の授業料減免の充実等による教育費の負担軽減を図るとしている。

【問題文C】働き方改革実行計画では、幼児教育について、2017年度予算において、所得の低い世帯では、第2子以降に加え、第1子も無償とするなど、無償化の範囲をさらに拡大するとしている。

ア．Aのみ誤っている。
イ．Bのみ誤っている。
ウ．Cのみ誤っている。
エ．すべて正しい。

問題34. 次の図は、高齢者の就労意識に関する調査（現在仕事をしている全国の60歳以上の男女を対象）の結果を表している。（　）に入る最も適切な語句の組合せを、以下のアからエまでのうち1つ選びなさい。

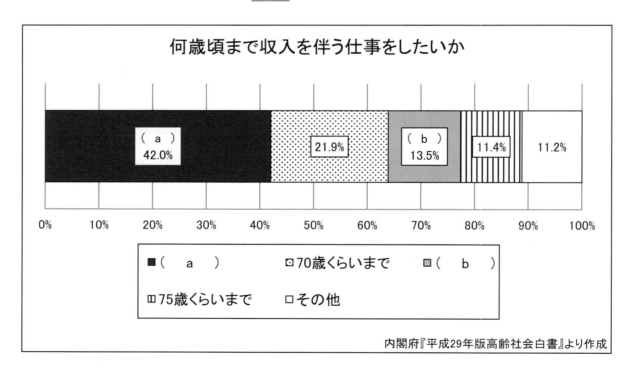

ア．a. 65歳くらいまで　　　b. 80歳くらいまで
イ．a. 65歳くらいまで　　　b. 働けるうちはいつまでも
ウ．a. 働けるうちはいつまでも　b. 仕事をしたいと思わない
エ．a. 働けるうちはいつまでも　b. 65歳くらいまで

問題35. 働き方改革実行計画で述べられている高齢者の就業促進に関する以下のアからエまでの記述のうち、誤っているものを1つ選びなさい。

ア. 高齢者就労促進の中核の1つは、多様な技術・経験を有するシニア層が、1つの企業に留まらず、幅広く社会に貢献できる仕組みである。

イ. 高齢者による起業時の雇用助成措置を強化するとともに、地域の様々な機関が連携して高齢者の就業機会を創る取組の中で、起業の促進を図る。

ウ. 65歳以降の継続雇用延長や65歳までの定年延長を行う企業への支援を充実し、将来的に継続雇用年齢等の引上げを進めていくための環境整備を行っていく。

エ. 高齢者の就業促進のポイントは、年齢に関わりなく公正な職務能力評価により働き続けられる「フレキシブル社会」の実現であり、これが、若者のやる気、そして企業全体の活力の増進にもつながる。

第2課題. 働き方に関する現行法の理解

問題36. 勤労の権利と義務に関する以下のアからエまでの記述のうち、誤っているものを1つ選びなさい。

ア. 勤労の権利として、国が負う政策義務には、労働の機会を得られない労働者に対し、生活を保障する義務がある。

イ. 勤労の権利として、国が負う政策義務には、労働者が自己の能力と適性を活かした労働の機会を得られるように労働市場の体制を整える義務がある。

ウ. 「すべて国民は、勤労の権利を有し、義務を負ふ」とされるが、ここにいう「国民」とは労働者のことをいう。

エ. 「すべて国民は、勤労の権利を有し、義務を負ふ」は、すべての国民は労働の機会を得る権利があり、働く能力のある者は労働しなければならない義務を負うと解されている。

問題37. 雇用対策法及び雇用政策の目的・基本理念に関する以下のアからエまでの記述のうち、誤っているものを1つ選びなさい。

ア. 雇用対策法によると、労働者は、事業主との労働契約の存続期間を通じて、その職業の安定が図られるように配慮されるものとされるが、転職にあたっての円滑な再就職の促進その他の措置の実施については規定されていない。

イ. 雇用対策法は、労働者の職業の安定と経済的社会的地位の向上とを図るとともに、経済及び社会の発展並びに完全雇用の達成に資することを目的とする。

ウ. 雇用対策法の運用にあたっては、労働者の職業選択の自由及び事業主の雇用の管理についての自主性を尊重しなければならない。

エ. 憲法の勤労権に基づく国の労働市場政策の基本方針と全体像を明らかにするのが雇用対策法であり、同法は、労働市場の個別的施策について、基本となる理念と体系を明らかにしたうえ、それら労働市場政策に共通の事業主の責務を定める。

問題38. 国の職業安定機関と民間事業者に共通するルールに関する以下のアからエまでの記述のうち、誤っているものを1つ選びなさい。

ア. 労働市場においては、職業紹介とともに職業指導、委託募集などを基本概念としつつ、求人・求職の媒介・結合のためのサービスが国の職業安定機関及び民間の事業者によって様々な態様で行われている。

イ. 職業安定法は、国の職業安定機関と民間の事業者の労働市場における職業関連サービスに共通のルールを設定しており、その内容として、職業選択の自由、差別的取扱いの禁止、個人情報の保護、労働争議への不介入の原則などが挙げられる。

ウ. 職業安定法は、求人者が公共職業安定所および職業紹介事業者の紹介による求職者と労働契約を締結しようとする場合、求職者に対して従事すべき業務内容および労働条件を明示しなければならないと規定しているが、書面による明示までは規定していない。

エ. 勤労権保障のための職業紹介の基本ルールに関して、公共職業安定所および職業紹介事業者は「すべての求人・求職の申込みを受理すべし」との求人求職受理の原則がある。

問題39.　現行の雇用保険法に関する以下のアからエまでの記述のうち、誤っているものを１つ選びなさい。

ア．雇用保険法において「失業」とは、被保険者が離職し、労働の意思及び能力を有するにもかかわらず、職業に就くことができない状態にあることをいう。

イ．卒業を予定している者であって、適用事業に雇用され、卒業した後も引き続き当該事業に雇用されることとなっているものは、被保険者となり得る。

ウ．基本手当は、被保険者が失業した場合において、原則として、離職の日以前２年間に被保険者期間が通算して12か月以上であったときに支給される。

エ．特定受給資格者（会社都合により離職した者など）の場合、基本手当の所定給付日数は、受給資格者の離職日における年齢に係らず、算定基礎期間によって定められている。

問題40.　現行の高年齢者雇用安定法に関する以下のアからエまでの記述のうち、誤っているものを１つ選びなさい。

ア．高年齢者雇用安定法によれば、65歳未満の定年の定めをしている事業主は、当該定年の引上げ、再就職支援のいずれかの措置を講じなければならないとされている。

イ．高年齢者雇用安定法は、高年齢者等の職業の安定その他福祉の増進を図るとともに、経済及び社会の発展に寄与することを目的とする法律である。

ウ．高年齢者雇用安定法によれば、事業主が定年の定めをする場合には、原則として「当該定年は、60歳を下回ることができない」と規定されている。

エ．高年齢者雇用安定法によれば、事業主は、解雇等により離職が予定されている高年齢者が希望するときは、「求職活動支援書」を作成し、本人に交付しなければならないと規定されている。

問題41.　現行の若者雇用促進法に関する以下のアからエまでの記述のうち、誤っているものを１つ選びなさい。

ア．若者雇用促進法は、青少年について、適職の選択、職業能力の開発・向上に関する措置等を総合的に講ずることによって、青少年の雇用の促進と能力の有効発揮を図ろうとするものである。

イ．若者雇用促進法には、ハローワークは、新卒者向けの求人の申込みを受理する際、一定の労働関係法令の違反があった求人者については、求職者へ提供する求人情報にその旨を付記しなければならないと規定されている。

ウ．若者雇用促進法によれば、新卒者の募集を行う事業主は、応募者等から求めがあった場合は、法令が定める「青少年雇用情報」を提供しなければならないとされている。

エ．若者雇用促進法によれば、国は、就業、修学及び職業訓練の受講のいずれもしていない青少年であって、職業生活を円滑に営む上での困難を有するもの（「無業青少年」）に対し、特性に応じた職業生活に関する相談の機会の提供、職業生活における自立を支援するための施設の整備等の必要な措置を講ずるように努めなければならないとされている。

ワークスタイルコーディネーター認定試験　問題
第2課題. 働き方に関する現行法の理解

問題42.　現行の障害者雇用促進法に関する以下のアからエまでの記述のうち、誤っているものを1つ選びなさい。

ア．障害者である労働者は、職業に従事する者としての自覚を持ち、自ら進んで、その能力の開発及び向上を図り、有為な職業人として自立するように努めなければならない。

イ．事業主は、募集・採用において、障害者に対して障害者でない者と均等な機会を与えるよう努力しなければならない。

ウ．事業主は、賃金の決定・教育訓練の実施・福利厚生施設の利用その他の待遇について、障害者であることを理由に障害者でない者と不当な差別的取扱いをしてはならない。

エ．障害者である労働者を解雇しようとする事業主は、労働者の責めに帰すべき理由により解雇する場合等を除き、その旨を速やかに公共職業安定所長に届け出なければならない。

問題43.　現行の技能実習法に関する以下のアからエまでの記述のうち、誤っているものを1つ選びなさい。

ア．「技能実習生」とは、企業単独型技能実習生及び団体監理型技能実習生をいう。

イ．実習実施者は、技能実習の適正な実施及び技能実習生の保護について、技能実習を行わせる者としての責任を自覚し、基本理念にのっとり、技能実習を行わせる環境の整備に努めるとともに、国及び地方公共団体が講ずる施策に協力しなければならない。

ウ．技能実習は、技能等の適正な修得、習熟又は熟達のために整備され、かつ、技能実習生が技能実習に専念できるようにその保護を図る体制が確立された環境で行われなければならない。

エ．国は、労働力減少社会における成長戦略の一環として、技能実習を労働力の需給の調整の手段として行うことができる。

問題44.　労働契約に関する以下のアからエまでの記述のうち、誤っているものを1つ選びなさい。

ア．労働契約における合意とは、契約書の作成などの要式は必要とされておらず、口頭によるものでもよいとされている。

イ．使用者が優越的な立場で指揮命令権、業務命令権、人事権などを行使する労働関係においては、権限行使の行き過ぎを抑制するために信義誠実の原則が発達し、労働契約法はその旨の規定をした。

ウ．労働者は、営業秘密の保持義務、競業避止義務、使用者の名誉・信用を毀損しない義務に反すると、使用者から損害賠償請求を受ける可能性がある。

エ．労働者が事業の執行について、第三者に損害を及ぼし、その使用者が第三者に損害を賠償した場合、使用者は労働者に対し、求償権を行使することができる。

問題45.　現行の労働基準法・労働契約法における就業規則に関する以下のアからエまでの記述のうち、誤っているものを1つ選びなさい。

ア．常時10人以上の労働者を使用する使用者は、一定事項について就業規則を作成し、行政官庁に届け出なければならない。

イ．就業規則は、常時各作業場の見やすい場所への掲示、備え付け、書面の交付などによって労働者に周知させなければならない。

ウ．解雇の事由を定める事項については、就業規則に記載しておくよう努めなければならない。

エ．就業規則に規定された労働契約の内容である労働条件の不利益変更は、一定の要件を満たさない限り、労働者との合意なく行うことはできない。

問題46. 現行の労働基準法における就業規則の記載事項に関する以下のアからエまでの記述のうち、<u>誤っている</u>ものを１つ選びなさい。

ア. 労働者を２組以上に分けて交替に就業させる場合、就業時転換に関する事項は絶対的必要記載事項とされている。

イ. 退職手当に関する事項は、絶対的必要記載事項とされている。

ウ. 休日、休暇に関する事項は、絶対的必要記載事項とされている。

エ. 昇給に関する事項は、絶対的必要記載事項とされている。

問題47. 採用の自由に関する以下のアからエまでの記述のうち、<u>誤っているもの</u>を１つ選びなさい。

ア. 労働基準法３条は、労働者の国籍によって賃金その他の労働条件につき差別することを禁じているが、これは雇入れ後における労働条件についての制限であって、雇入れそのものを制約する規定ではない。

イ. 企業者は、経済活動の一環として、契約締結の自由を有し、いかなる者を雇入れるか、いかなる条件で雇い入れるかについて、法律その他による特別の制限がない限り、原則として自由にこれを決定することができるとしている。

ウ. 応募者の採否を判断する過程で、１人１人の応募者について判断材料が必要となる。その際、採用の自由の見地から、調査方法・事項については制約されない。

エ. 使用者は、労働者を採用するにあたって、公共職業安定所、民間職業紹介所、広告情報誌等いずれの募集方法を採用することも自由である。

問題48. 現行の労働基準法における人権擁護規定に関する以下のアからエまでの記述のうち、<u>誤っているもの</u>を１つ選びなさい。

ア. 労働基準法によれば、使用者は、暴行、脅迫、監禁その他精神又は身体の自由を不当に拘束する手段によって、労働者の意思に反して労働を強制してはならず、この規定に違反した場合には労働基準法の中で最も重い刑罰が科される。

イ. 使用者は、前借金その他労働することを条件とする前貸の債権と賃金を相殺してはならない。

ウ. 労働基準法によれば、使用者は労働契約の不履行について違約金を定め、または損害賠償額を予定する契約をしてはならないとされており、修学費用返還制度も留学・研修と使用者の業務との関連性の強弱を問わず許されないとするのが裁判例である。

エ. 使用者は、事業の附属寄宿舎に寄宿する労働者の私生活の自由を侵してはならず、寄宿舎生活の自治に必要な役員の選任に干渉してはならない。

ワークスタイルコーディネーター認定試験　問題
第２課題．働き方に関する現行法の理解

問題49.　現行の男女雇用機会均等法におけるセクシュアルハラスメントに関する以下のアからエまでの記述のうち、誤っているものを１つ選びなさい。

ア．違法なセクシュアルハラスメントについて、使用者は、労働者の安全に配慮する義務や職場環境配慮義務を負っているとされているから、これらの義務を怠った場合には、債務不履行責任を問われる。

イ．厚生労働省は、「事業主が職場における性的言動に起因する問題に関して雇用管理上講ずべき措置についての指針」を公表し、企業がセクシュアルハラスメント対策の基本的な枠組みを構築するにあたって参考となるツール・情報等を提供している。

ウ．勤務時間外の宴会なども、実質上職務の延長線上と考えられるものは「職場」に該当するが、その判断に当たっては、職務との関連性、参加者、参加が強制的か任意かといったことを考慮して個別に行う必要がある。

エ．労働者の意に反する性的な言動に対する労働者の対応（拒否や抵抗）により、解雇、降格、減給などの不利益を受けることを「環境型セクシュアルハラスメント」という。

問題50.　雇用関係における男女の平等に関する以下のアからエまでの記述のうち、誤っているものを１つ選びなさい。

ア．労働基準法における男女同一賃金の原則が禁止するのは、賃金についての差別的取扱いにとどまり、採用・配置・昇進・教育訓練などの差別に由来する賃金の違いは、この原則に抵触しない。

イ．労働基準法における男女同一賃金の原則に違反した場合、労働基準監督署による是正指導は行われるが、刑罰に関する規定はない。

ウ．事業主は、女性労働者が婚姻し、妊娠し、又は出産したことを退職理由として予定する定めをしてはならない。

エ．事業主は、労働者の募集及び採用について、その性別にかかわりなく均等な機会を与えなければならない。

問題51.　現行の労働契約法におけるクーリングに関する【問題文A】から【問題文C】の内容として正しいものを、以下のアからエまでのうち１つ選びなさい。

【問題文A】　有期労働契約とその次の有期労働契約の間に、契約がない期間が一定期間以上あるときは、その空白期間より前の有期労働契約は通算契約期間に算入しない。

【問題文B】　カウント対象となる有期労働契約の契約期間が３年以上の場合で、空白期間が１年未満であれば、空白期間より前の有期労働契約は通算契約期間に算入する。

【問題文C】　カウント対象となる有期労働契約の契約期間が１年の場合で、空白期間が６か月未満であれば、空白期間より前の有期労働契約は通算契約期間に算入する。

ア．Aのみ誤っている。

イ．Bのみ誤っている。

ウ．Cのみ誤っている。

エ．すべて正しい。

問題52. 現行のパートタイム労働法に関する以下のアからエまでの記述のうち、下線部の内容が誤っているものを１つ選びなさい。

ア．事業主は、短時間労働者に係る事項について就業規則を作成し、または変更しようとするときは、当該事業所において雇用する短時間労働者の過半数を代表すると認められるものの意見を聴くように努めなければならない。

イ．事業主は、通常の労働者との均衡を考慮しつつ、その雇用する短時間労働者の職務の内容等を勘案し、その賃金を決定するように努めなければならない。

ウ．事業主は、通常の労働者との均衡を考慮しつつ、その雇用する短時間労働者の職務の内容等に応じ、当該短時間労働者に対して教育訓練を実施するように努めなければならない。

エ．事業主は、短時間労働者を雇い入れたときは、速やかに、短時間労働者の待遇に関するパートタイム労働法上の具体的行為規範に関して事業主が講ずることとしている措置の内容について、当該短時間労働者に説明するように努めなければならない。

問題53. 現行の労働者派遣法における派遣元事業主の講ずべき措置と派遣先事業主の講ずべき措置に関する以下のアからエまでの記述のうち、誤っているものを１つ選びなさい。

ア．労働者派遣契約の当事者は、当該労働者派遣契約の締結に際し、所定の事項を定めるとともに、その事項内容の差異に応じて派遣労働者の人数を定めなければならない。

イ．派遣先は、派遣元事業主からの求めに応じ、同種の業務に従事する直接雇用労働者の業務の遂行に必要な能力を付与するための教育訓練について、派遣労働者（既に能力を有している場合等は除く）に対しても実施するように配慮しなければならない。

ウ．派遣元事業主は、派遣先の事業所における同一の組織単位の業務について継続して２年間当該労働者派遣に係る労働に従事する見込みがある特定有期雇用派遣労働者については、一定の措置を講じなければならない。

エ．派遣元事業主は、その雇用する派遣労働者の求めに応じ、当該派遣労働者の職業生活の設計に関し、相談の機会の確保その他の援助を行わなければならない。

問題54. 現行の労働基準法における賃金に関する以下のアからエまでの記述のうち、誤っているものを１つ選びなさい。

ア．賃金は、原則として、通貨で、直接労働者に、その全額を支払わなければならない。

イ．賃金は、原則として、毎月１回以上、一定の期日を定めて支払わなければならない。

ウ．判例によると、過払賃金の清算のための調整的相殺は、賃金全額払の原則に反するため、認められない。

エ．使用者の責に帰すべき事由による休業においては、使用者は、休業期間中当該労働者に、その平均賃金の100分の60以上の手当を支払わなければならない。

ワークスタイルコーディネーター認定試験　問題
第２課題．働き方に関する現行法の理解

問題55．　現行の最低賃金法に関する以下のアからエまでの記述のうち、誤っているものを１つ選びなさい。

ア．「最低賃金制度」は、国が、労働契約における賃金の最低額を定めて、使用者に対してその遵守を強制する制度である。

イ．地域別最低賃金とは、都道府県ごとに職種別で定められ、都道府県内の事業場で働く労働者とその使用者に対して適用される最低賃金をいう。

ウ．特定最低賃金とは、特定地域内の特定の産業について、地域別最低賃金より金額水準の高い最低賃金を定めることが必要と認めるものについて設定される最低賃金をいう。

エ．最低賃金額より低い賃金を労働者・使用者双方の合意の上で定めてもその部分について最低賃金法により無効とされ、最低賃金未満の賃金しか支払わなかった場合には、最低賃金額との差額を支払わなければならない。

問題56．　現行の労働基準法における休憩時間に関する以下のアからエまでの記述のうち、誤っているものを１つ選びなさい。

ア．休憩時間とは、単に作業に従事しない手待時間は含まず、労働者が労働から離れることを保障されている時間をいう。

イ．休憩時間は、一括継続した時間として労働時間の途中に付与しなければならず、分割して付与することは許されない。

ウ．製造業に属する事業場において、法定の休憩時間は原則として事業場の労働者全員に一斉に与えなければならないが、これを交替で与えるためには、労使協定の締結が必要となる。

エ．使用者は、１日の労働時間が８時間の場合には、少なくとも45分の休憩時間を労働時間の途中に与えなければならない。

問題57．　労働時間の適正な把握のために使用者が講ずべき措置に関する【問題文A】から【問題文C】の内容として正しいものを、以下のアからエまでのうち１つ選びなさい。

【問題文A】　使用者は、賃金台帳に労働者ごとの労働日数、時間外労働時間数、深夜労働時間数などの事項を適正に記入しなければならない。

【問題文B】　使用者は、労働者の労働日ごとの始業・終業時刻を確認・記録し、これを基に何時間働いたかを把握する必要がある。

【問題文C】　自己申告制を導入する場合、使用者は、長時間労働防止のために、時間外労働の時間数に上限を設け、上限を超える申告を認めないなどの措置を講じなければならない。

ア．Aのみ誤っている。

イ．Bのみ誤っている。

ウ．Cのみ誤っている。

エ．すべて正しい。

問題58. 翌日が休日（法定休日）である日に深夜残業を行い、翌日に至った場合、割増賃金率に関する次の図の（　）に入る最も適切な数値の組合せを、以下のアからエまでのうち１つ選びなさい。

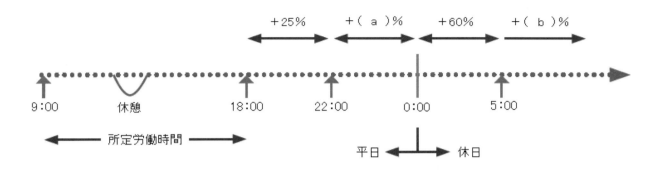

ア．a. 50　　b. 50
イ．a. 35　　b. 35
ウ．a. 50　　b. 35
エ．a. 35　　b. 50

問題59. 現行の労働基準法におけるフレックスタイム制に関する次の図と文章の（　）に入る最も適切な語句の組合せを、以下のアからエまでのうち１つ選びなさい。

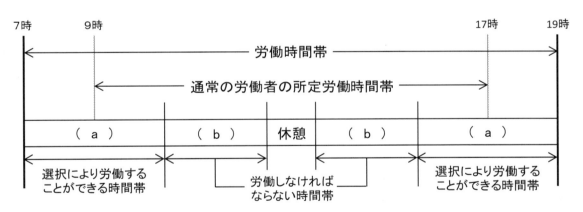

フレックスタイム制導入の要件は次のとおりである。
・一定範囲の労働者につき始業・終業時刻を各労働者の決定に委ねることを就業規則で定めること
・一定の事項を定めた事業場の労使協定を締結すること

協定されるべき主要な事項は、
① フレックスタイム制をとる労働者の範囲
② （ c ）以内の単位期間（清算期間）
③ この単位期間において働くべき「総労働時間」である。

ア．a. フレキシブルタイム　　b. コアタイム　　c. ３か月
イ．a. コアタイム　　b. フレキシブルタイム　　c. １か月
ウ．a. コアタイム　　b. フレキシブルタイム　　c. ３か月
エ．a. フレキシブルタイム　　b. コアタイム　　c. １か月

ワークスタイルコーディネーター認定試験　問題
第2課題．働き方に関する現行法の理解

問題60.　現行の労働基準法における裁量労働制に関する以下のアからエまでの記述のうち、<u>正しい</u>ものを1つ選びなさい。

ア．「裁量労働制」は、業務の遂行方法が大幅に労働者の裁量に委ねられる一定の業務に携わる労働者について、労働時間の計算を実労働時間ではなく、労使の合意で定めた労働時間数を労働したものとみなす制度である。

イ．裁量労働制において、1日のみなし労働時間を8時間と設定した場合、実労働時間が9時間に及んだ場合は1時間分の時間外割増賃金を支払わなければならない。

ウ．裁量労働制は、出退勤を含めた業務遂行の方法を労働者の裁量に委ねられることから、休憩、休日、深夜労働の法規制は適用除外となっている。

エ．「企画業務型裁量労働制」は、業務の性質上、業務遂行の手段や方法、時間配分等を大幅に労働者の裁量にゆだねる必要がある業務として定められた19業務の中から、対象となる業務を労使協定で定めて実施するみなし時間制である。

問題61.　現行の労働基準法における年次有給休暇に関する以下のアからエまでの記述のうち、<u>誤っている</u>ものを1つ選びなさい。

ア．使用者は、その雇入れの日から起算して6か月間継続勤務し、全労働日の8割以上出勤した労働者に対して、継続し、または分割した10労働日の有給休暇を与えなければならない。

イ．継続勤務は、事業場における在籍期間を意味し、勤務の実態に即して実質的に判断されることから、臨時労働者の正社員への採用、在籍での出向、休職者の復職などは実態からみて継続勤務となり得る。

ウ．使用者の時季変更権が認められるには、「事業の正常な運営を妨げる場合」であること、すなわち当該労働者の年休指定日の労働がその者の担当業務を含む相当な単位の業務の運営にとって不可欠であり、かつ、代替要員を確保するのが困難であることが必要である。

エ．判例によれば、年休自由利用の原則が認められるが、労働者が年次有給休暇を請求する際に具申した使途と別の使途に年休を用いることは、使用者に不測の不利益を与える可能性があるので許されない。

問題62.　現行の労働安全衛生法における衛生管理体制に関するアからエまでの記述のうち、<u>誤っている</u>ものを1つ選びなさい。

ア．安全衛生委員会の構成員の総数については、事業場の規模、作業の実態により定められていて、事業者が自由に決定することはできない。

イ．安全衛生委員会の調査審議事項には、長時間にわたる労働による労働者の健康障害の防止を図るための対策などに関する事項が含まれている。

ウ．安全衛生委員会を設置した事業者は、安全衛生委員会を毎月1回以上開催し、開催の都度、遅滞なく、その委員会の議事の概要を労働者に周知しなければならない。

エ．安全衛生委員会を設置していない事業者は、安全又は衛生に関する事項について、関係労働者の意見を聞くための機会を設けるようにしなければならない。

問題63. 現行の労働安全衛生法における健康診断に関する以下のアからエまでの記述のうち、誤っているものを1つ選びなさい。

ア. 労働者は、事業者の指定した医師とは別の医師による健康診断を受ける「医師選択の自由」が与えられている。

イ. 事業者は、常時使用する労働者を雇い入れるときは、原則として、当該労働者に対し、医師による健康診断を行わなければならない。

ウ. 事業者は、「健康診断の結果についての医師等からの意見聴取」の規定による医師又は歯科医師の意見を勘案し、その必要があると認めるときは、当該労働者の実情を考慮して、就業場所の変更、作業の転換、労働時間の短縮等の措置を講じなければならない。

エ. 特定業務に常時従事する労働者（特定業務従事者）に対しては、当該業務への配置替えの際及び1年以内ごとに1回、定期に、医師による健康診断を行わなければならない。

問題64. 現行の労働安全衛生法におけるストレスチェック制度に関する【問題文A】から【問題文C】の内容として正しいものを、以下のアからエまでのうち1つ選びなさい。

【問題文A】 事業者は、ストレスチェックを受けた労働者に対し、当該検査を行った医師等から当該ストレスチェックの結果が通知されるようにしなければならない。この場合において、当該医師等は、当該労働者のストレスチェックの結果を事業者に提供しなければならない。

【問題文B】 ストレスチェック制度の主たる目的は、精神疾患発見ではなくメンタルヘルス不調の未然防止にある。

【問題文C】 常時50人以上の労働者を使用する事業者は、労働者に対し、厚生労働省令で定めるところにより、医師、保健師その他の厚生労働省令で定める者による心理的な負担の程度を把握するための検査（ストレスチェック）を行わなければならない。

ア. Aのみ誤っている。

イ. Bのみ誤っている。

ウ. Cのみ誤っている。

エ. すべて正しい。

問題65. 現行の労働基準法における年少者の保護に関する以下のアからエまでの記述のうち、誤っているものを1つ選びなさい。

ア. 使用者は、満18歳に満たない者について、その年齢を証明する戸籍証明書を事業場に備え付けなければならない。

イ. 使用者は、原則として、中学生以下の児童（満15歳に達した日以後の最初の3月31日が終了するまでの児童）を使用することができない。

ウ. 未成年者は、独立して賃金を請求することができ、親権者又は後見人は、未成年者の賃金を代わって受け取ってはならない。

エ. 使用者は、原則として、満18歳に満たない者であっても、36協定を締結すれば時間外・休日労働を行わせることができる。

ワークスタイルコーディネーター認定試験　問題
第2課題．働き方に関する現行法の理解

問題66.　現行の労働基準法における母性保護に関する以下のアからエまでの記述のうち、誤っているものを1つ
　　　　選びなさい。

ア．使用者は、妊娠中の女性及び産後1年を経過しない女性を、重量物を取り扱う業務、有害ガスを発散する
　　場所における業務その他妊産婦の妊娠、出産、哺育等に有害な業務に就かせてはならない。

イ．使用者は、妊娠中の女性及び産後1年を経過しない女性が請求した場合においては、他の軽易な業務に転
　　換させなければならない。

ウ．使用者は、6週間（多胎妊娠の場合は14週間）以内に出産する予定の女性が休業を請求した場合において
　　は、その者を就業させてはならない。

エ．使用者は、産後8週間を経過しない女性を就業させてはならないが、産後6週間を経過した女性が請求し
　　た場合において、その者について医師から支障がないと認めた業務に就かせることは、差し支えない。

問題67.　現行の育児介護休業法に関する以下のアからエまでの記述のうち、誤っているものを1つ選びなさい。

ア．「育児介護休業法」は、育児及び家族の介護を行う労働者の職業生活と家庭生活との両立が図られるよう
　　支援することによって、その福祉を増進するとともに、あわせて、我が国の経済及び社会の発展に資すこ
　　とを目的とする法律である。

イ．期間を定めて雇用される者は、その養育する子が1歳6か月に達する日までに、その労働契約（労働契約
　　が更新される場合にあっては、更新後のもの）が満了することが明らかな場合は、育児休業の申出をする
　　ことができない。

ウ．小学校就学の始期に達するまでの子を養育する労働者は、1つの年度において、1人の子供につき、5労
　　働日を限度とし、子の世話を行うための「パパ休暇」を取得することができる。

エ．「パパ・ママ育休プラス」とは、父母の労働者がともに育児休業を取得する場合には、育児休業可能期間
　　が、子が1歳2か月に達するまでに延長される制度である。

問題68.　労災保険の給付対象となる業務上災害に関する以下のアからエまでの記述のうち、誤っているものを
　　　　1つ選びなさい。

ア．会社施設内で業務中、トイレに行こうとした際に、階段の途中でつまずき、転倒して怪我をした場合、業
　　務上災害として認められる。

イ．気温が35度もある中で、戸外で作業を行っていたが、手元に水がなく、近所のコンビニまで水を買いに行
　　った帰りに転倒して怪我をした場合、業務上災害として認められる。

ウ．お昼休憩中に、会社施設内の社員食堂へ行こうとした従業員が、階段で足を滑らせ骨折してしまった場合、
　　業務上災害として認められない。

エ．休憩時間中に、事務所の屋上でキャッチボールをしていて、捕球しそこねてボールが顔に当たり、怪我を
　　してしまった場合、業務上災害として認められない。

28

問題69.　現行法における配転、出向に関する以下のアからエまでの記述のうち、誤っているものを１つ選びなさい。

ア．判例によると、不当な動機・目的をもってなされた転勤命令でも、業務上の必要性が存する場合であると認められれば、権利濫用にならないとしている。

イ．労働契約上勤務場所が特定されている場合、その勤務場所を変更するためには、労働者の個別的同意が必要となる。

ウ．出向とは、労働者が、自己の雇用先の企業に在籍のまま、他の企業の従業員（ないし役員）となって相当長期間にわたって当該他企業の業務に従事することをいう。

エ．判例によると、出向命令は、労働者との個別の同意がなくても行うことができる場合もあるとしている。

問題70.　現行の労働組合法に関する以下のアからエまでの記述のうち、誤っているものを１つ選びなさい。

ア．労働組合の設立には、労働者が主体となって自主的に組織する方法と使用者が労働者に命じて組織させる方法の２種類がある。

イ．使用者は、正当な争議行為により損害を受けたことをもって労働組合、またはその組合員に対し賠償を請求することができないとされ、民事免責が認められる。

ウ．労働組合に加入したことや正当な組合行為を行ったことを理由とする不利益取扱いは不当労働行為として禁止される。

エ．使用者が労働者の代表者と団体交渉をすることを正当な理由がなく拒むことは、不当労働行為として禁止される。

ワークスタイルコーディネーター認定試験

解答・解説

第1課題. 働き方改革総論

問題1：　解答　ア

ア　誤り。　　我が国の合計特殊出生率は、1984年の1.81から2005年の1.26まで低下したが、2016年は<u>1.44</u>程度で推移している（厚生労働省『平成28年（2016年）人口動態統計（確定数）の概況』）。

イ　正しい。　完全失業率は、2011年から2016年まで、6年連続で低下し、2016年の年平均は3.1%となっている（総務省『労働力調査（2016年平均）』）。

ウ　正しい。　「労働参加率」は、生産年齢人口に占める労働力人口の割合であるが、我が国では、労働参加率は男女計で77.6%（前年比0.8ポイント増加）で上昇傾向にあり、女性の労働参加率は、69.4%（前年比1.3ポイント増加）になっており、伸びが大きい（総務省『労働力調査（基本集計／2017年平均（速報））』）。なお、男性の労働分配率は85.6%（前年比0.2ポイント増加）となっている。

エ　正しい。　有効求人倍率は、リーマンショック直後に年平均最低（0.47）を記録して以降、増加傾向を続け、2016年の年平均は1.36までに回復しており、雇用情勢は「売り手市場」の状況にあるといえる（厚生労働省『一般職業紹介状況』）。

問題2：　解答　エ

　2015年における1人当たり平均年間総実労働時間（雇用者）の国際比較を見ると、我が国は韓国（2,071時間）やアメリカ（1,795時間）より短いが、イギリス（1,663時間）やフランス（1,399時間）、ドイツ（1,304時間）などの欧州諸国より長くなっている。

問題3：　解答　ア

数値目標設定指標	現状（2015年）	目標値（2020年）
年次有給休暇取得率	<u>48.7</u>%	70%
男性の育児休業取得率	2.65%	<u>13</u>%
メンタルヘルスケアに関する措置を受けられる職場の割合	59.7%	<u>100</u>%

内閣府『仕事と生活の調和（ワーク・ライフ・バランス）レポート2016』より作成

　「仕事と生活の調和推進のための行動指針」では、政策によって一定の影響を及ぼすことのできる13項目18指標について、取組みが進んだ場合に達成される水準として数値目標を設定している。

　目標設定時から、2020年の目標値に向けて直線的に進捗すると仮定した場合の直近の想定値を算出し、これを達成している項目を「順調に進捗」、達成していないものの目標設定時より進捗している項目を「順調ではないものの進捗」、目標設定時の数値より目標までの差が拡大している項目を「進捗していない」と整理されている。

　内閣府の『仕事と生活の調和（ワーク・ライフ・バランス）レポート2016』における数値目標の達成に向けた進捗状況では、「年次有給休暇取得率」、「男性の育児休業取得率」、「メンタルヘルスケアに関する措置を受けられる職場の割合」は「順調ではないものの進捗」となっている。

ワークスタイルコーディネーター認定試験　解答・解説
第1課題．働き方改革総論

問題4：　解答　ウ

　　ダイバーシティ経営で解決できると思う課題として、「優秀な人材獲得」（25.7%）が最も高く、ついで「人材の確保」（22.8%）が高い。一方、「社会貢献、地域貢献の強化」（4.4%）や「資金調達力の向上」（3.4%）は低い。その他では「労働生産性の向上」（14.1%）、「女性管理職の増大」（13.6%）となっている。

問題5：　解答　イ

　　60 歳以降も収入を伴う仕事をする場合に希望する就労形態では、「パートタイム（短時間勤務など）の社員・職員（53.9%）」、次いで「フルタイムの社員・職員（24.2%）」、「自営業・個人事業主・フリーランス（家族従業者を含む）（15.9%）」の順になっている。ただし、性別をみると、傾向ははっきりと分かれる。女性は、69.4%が「パートタイム（短時間勤務など）の社員・職員」を選んでいるものに対し、男性は、37.0%となっており、「フルタイムの社員・職員」を選んでいる人も 36.7%でほぼ二分されている状況であることにも留意する必要がある。

問題6：　解答　ア

> 　　一億総活躍社会とは、「**成長と分配の好循環**」を生み出していく新たな経済社会システムの提案である。すなわち、全ての人が包摂される社会、一億総活躍社会が実現できれば、安心感が醸成され、将来の見通しが確かになり、消費の底上げ、投資の拡大にもつながる。さらに、 1 人 1 人の多様な能力が十分に発揮され、多様性が認められる社会を実現できれば、新たな着想による**イノベーション**の創出を通じて、生産性が向上し、経済成長を加速することが期待される。

（厚生労働省『平成 29 年版厚生労働白書』P.26）

問題7：　解答　エ

　　都市部を中心に深刻な問題となっている待機児童の解消を図るため、厚生労働省では、2013（平成 25）年 4 月に「**(ア) 待機児童解消加速化プラン**」を策定し、2017（平成 29）年度末までに新たに 40 万人分の保育の受け皿確保を目指すこととした。

　　この目標は、2015（平成 27）年 11 月に策定された「一億総活躍社会の実現に向けて緊急に実施すべき対策」に基づき、**(イ) 50 万人分に引き上げられた**。さらに、2016（平成 28）年 4 月から事業主拠出金制度に基づく企業主導型保育事業による最大 5 万人の保育の受け皿整備を含めることにより、約 53 万人分の保育の受け皿の確保を推進することとした。

　　2017 年 6 月には、今後も女性の就業率の上昇や、保育の利用希望の増加が見込まれる中、「**(ウ) 子育て安心プラン**」が公表され、待機児童解消に必要な受け皿約 22 万人分の予算 3 年分を 2019（平成 31）年度末までの 2 年間で確保し、遅くとも 2020 年度末までの 3 年間で全国の待機児童を解消することとしている。さらに、2022 年度末までの 5 年間で、**(エ) 女性就業率 80%**にも対応できるよう、約 32 万人分の保育の受け皿を整備することとしている。

（厚生労働省『平成 29 年版厚生労働白書』P.125）

問題8： 解答　ア

　　民事上の個別労働紛争の主な相談内容の件数（2016年度）では、「いじめ・嫌がらせ」が70,917件（対前年比6.5％増）で5年連続トップ。「自己都合退職」は近年増加傾向（同7.2％増）にあり、「解雇」は近年減少傾向（同2.7％減）である。なお、「採用内定取消」は1,961件（0.6％）、「雇止め」は12,472件（4.0％）、「募集・採用」は3,162件（1.0％）となっている。

問題9： 解答　イ

　　「仕事や職業生活に関する強い不安、悩み、ストレスを感じる」とした労働者のうち、その内容をみると、「仕事の質・量」（57.5％）が最も多く、次いで、「対人関係（セクハラ・パワハラを含む。）」（36.4％）、「仕事の失敗、責任の発生等」（33.2％）となっている（厚生労働省『平成29年版過労死等防止対策白書』P.18）。なお、その他は「雇用の安定性」（14.7％）、「事故や災害の体験」（1.9％）となっている。

問題10： 解答　エ

　　働き方改革の実現を目的とする実行計画の策定等に係る審議に資するため、2016年9月に**内閣総理大臣**により「働き方改革実現会議」が設置され、長時間労働の是正や、非正規の処遇改善などを検討し、具体的な方向性を示すための議論が行われた。働き方改革実行計画は**働き方改革実現会議**の成果であり、働く人の実態を最もよく知っている**労働者側と使用者側**、さらには他の有識者も含め合意形成をしたものである。

（『働き方改革実行計画』本文 P.3）

問題11： 解答　イ

　現在我が国においては有効求人倍率の上昇傾向が続くとともに企業における人手不足感が強くなっている。そのため、従業員の確保、さらには労働生産性を高めることを、働き方改革に取り組む目的としてあげる企業が多くなっている。なお、他の項目の割合は「育児、配偶者転勤等による退職の防止（17.1％）」、「介護による退職の防止（12.3％）」、「イノベーション創出に向けた環境作り（5.6％）」となっている。

（総務省『ICT利活用と社会的課題解決に関する調査研究（平成29年度）』P.52,53）

問題12： 解答　エ

　　各種手当等については、正社員とパートタイム労働者で支給状況に差がある。
　　特に、「賞与（正：83.7％　パ：34.9％）」、「定期的な昇給（正：70.2％　パ：34.0％）」、「役職手当（正：69.7％　パ：7.7％）」、「退職金（正：69.9％　パ：9.2％）」、「住宅手当（正：35.5％　パ：1.3％）」、「慶弔休暇（正：79.4％　パ：40.3％）」などに関しては、かなり差がある。「通勤手当」や「休憩室の利用」に関しては、正社員とパートタイム労働者で支給状況の差は少ない。

ワークスタイルコーディネーター認定試験　解答・解説
第1課題．働き方改革総論

問題13：解答　エ

　　非正規の職員・従業員について、男女別に現職の雇用形態についた主な理由をみると、男女共に「自分
の都合のよい時間に働きたいから」が最も多く、男性は前年に比べ約8万人増加、女性は約16万人増加し
ている。
　　男女共に「正規の職員・従業員の仕事がないから」は2013年から連続して減少しているが（男：170万
→134万　女：173万→139万）、男性における割合は依然として高くなっている。その他では「通勤時間
が短いから（男：3.4%　女：4.2%）」、「専門的な技能等をいかせるから（男：12.2%　女：5.5%）」とな
っている。

問題14：解答　ウ

　ア　正しい。　　「本ガイドライン案は、正規か非正規かという雇用形態にかかわらない均等・均衡待遇を確保
　　　　　　　　　し、同一労働同一賃金の実現に向けて策定するものである」（『同一労働同一賃金ガイドライン
　　　　　　　　　案』）。

　イ　正しい。　　「本ガイドライン案は、同一の企業・団体における、正規雇用労働者と非正規雇用労働者の間
　　　　　　　　　の不合理な待遇差を是正することを目的としているため、正規雇用労働者と非正規雇用労働者
　　　　　　　　　の間に実際に待遇差が存在する場合に参照されることを目的としている。このため、そもそも
　　　　　　　　　客観的に見て待遇差が存在しない場合については、本ガイドライン案は対象としていない」（『同
　　　　　　　　　一労働同一賃金ガイドライン案』）。

　ウ　誤　り。　　「教育訓練や福利厚生をも含めた新ガイドライン案の策定が急がれている」が誤りである。現
　　　　　　　　　状のガイドライン案では、基本給、昇給、ボーナス、各種手当といった賃金にとどまらず、教
　　　　　　　　　育訓練や福利厚生をも対象としている。「政府が示した同一労働同一賃金のガイドライン案は、
　　　　　　　　　正規か非正規かという雇用形態に関わらない均等・均衡待遇を確保し、同一労働同一賃金の実
　　　　　　　　　現に向けて策定したものである。その対象は、基本給、昇給、ボーナス、各種手当といった賃
　　　　　　　　　金にとどまらず、教育訓練や福利厚生もカバーしている」（『働き方改革実行計画』本文 P.5）。

　エ　正しい。　　「今後、各企業が職務や能力等の内容の明確化と、それに基づく公正な評価を推進し、それに
　　　　　　　　　則った賃金制度を、労使の話し合いにより、可能な限り速やかに構築していくことが、同一労
　　　　　　　　　働同一賃金の実現には望ましい」（『同一労働同一賃金ガイドライン案』）。

問題15：解答　ア

　Aは問題となる例、Bは問題とならない例である。

　　Aは、X社が基本給について労働者の勤続年数に応じて支給しているにもかかわらず、有期雇用労働者に
対し、勤続年数に応じた評価ではなく、その時点の雇用契約の期間のみの評価により支給していることが問
題となる。
　　基本給について、労働者の勤続年数に応じて支給しようとする場合、無期雇用フルタイム労働者と同一の
勤続年数である有期雇用労働者又はパートタイム労働者には、勤続年数に応じた部分につき、同一の支給を
しなければならない。また、勤続年数に一定の違いがある場合においては、その相違に応じた支給をしなけ
ればならない。

（『同一労働同一賃金ガイドライン案』）

36

問題16：解答　ウ

　　2016年の日本の時間当たり労働生産性は、46.0ドル（4,694円／購買力平価（PPP）換算）。順位はOECD加盟35カ国中20位だった。前年（20位）と比較すると、順位に変動はなかった。
　　1位の　（a）アイルランドの労働生産性は95.8ドル、6位の　（b）米国の労働生産性は69.6ドル、である。その他では3位ノルウェー（78.7ドル）、4位ベルギー（72.8ドル）となっている。

問題17：解答　エ

ア　正しい。　「アベノミクスの三本の矢の政策によって、デフレではないという状況を作り出す中で、企業収益は過去最高となっている。過去最高の企業収益を継続的に賃上げに確実につなげ、近年低下傾向にある労働分配率を上昇させ、経済の好循環をさらに確実にすることにより総雇用者所得を増加させていく」（『働き方改革実行計画』本文P.10）。

イ　正しい。　「生産性向上に資する人事評価制度及び賃金制度を整備し、生産性の向上、従業員の賃金アップ、離職率低下を実現した企業を助成する制度を創設する」（『働き方改革実行計画』工程表P.35）。「人事評価改善等助成金」は2017年4月1日から開始している。

ウ　正しい。　「中小・小規模事業者の取引条件を改善するため、50年ぶりに、下請代金の支払いについて通達を見直した。これまで下請事業者の資金繰りを苦しめてきた手形払いの慣行を断ち切り、現金払いを原則とする。近年の下請けいじめの実態を踏まえ、下請法の運用基準を13年ぶりに抜本改定した」（『働き方改革実行計画』本文P.10）。

エ　誤　り。　「最低賃金については、**年率3％程度を目途として**、名目GDP成長率にも配慮しつつ引き上げていく。これにより、全国加重平均が1,000円になることを目指す。このような最低賃金の引き上げに向けて、中小企業、小規模事業者の生産性向上等のための支援や取引条件の改善を図る」（『働き方改革実行計画』本文P.10）。

問題18：解答　エ

ア　正しい。　「週40時間を超えて労働可能となる時間外労働の限度を、原則として、月45時間、かつ、年360時間とし、違反には特例の場合を除いて罰則を課す」（『働き方改革実行計画』本文P.11）。

イ　正しい。　「時間外労働の限度の原則は、月45時間、かつ、年360時間であることに鑑み、これを上回る特例の適用は、年半分を上回らないよう、年6回を上限とする」（『働き方改革実行計画』本文P.12）。

ウ　正しい。　「現行の時間外労働の規制では、いわゆる36協定で定める時間外労働の限度を厚生労働大臣の限度基準告示で定めている。ここでは、36協定で締結できる時間外労働の上限を、原則、月45時間以内、かつ年360時間以内と定めているが、罰則等による強制力がない上、臨時的な特別の事情がある場合として、労使が合意して特別条項を設けることで、上限無く時間外労働が可能となっている」（『働き方改革実行計画』本文P.11）。

エ　誤　り。　「年960時間」が誤りで、正しくは「年720時間」である。「特例として臨時的な特別の事情があり、労使が合意して労使協定を結ぶ場合においても、上回ることができない時間外労働時間を年720時間（＝月平均60時間）とする」（『働き方改革実行計画』本文P.11,12）。

ワークスタイルコーディネーター認定試験　解答・解説
第1課題. 働き方改革総論

問題19：解答　ア

　現行の36協定で適用除外等の取扱いを受けている業種における、労働基準法改正後の対応内容は以下の表の通りである（『働き方改革実行計画』本文 P.13）。

業種	現行の適用除外等の取扱い
自動車運転	改正法の一般則の施行期日の5年後に、年960時間（＝月平均80時間）以内の規制を適用することとし、かつ、将来的には一般則の適用を目指す旨の規定を設ける。
建設	改正法の一般則の施行期日の5年後に、罰則付き上限規制の一般則を適用する（ただし、復旧・復興の場合については、単月で100時間未満、2か月ないし6か月の平均で80時間以内の条件は適用しない）。併せて、将来的には一般則の適用を目指す旨の規定を設ける。
医師	改正法の施行期日の5年後を目途に規制を適用することとし、医療界の参加の下で検討の場を設け、質の高い新たな医療と医療現場の新たな働き方の実現を目指し、2年後を目途に規制の具体的な在り方、労働時間の短縮策等について検討し、結論を得る。
研究開発	医師による面接指導、代替休暇の付与など実効性のある健康確保措置を課すことを前提に、現行制度で対象となっている範囲を超えた職種に拡大することのないよう、その対象を明確化した上で適用除外とする。

問題20：イ

A　正しい。　官民連携の下、『月末』の『金曜日』に有休取得やフレックス制度の活用等による早期退社といった働き方改革（プレミアムフライデー）を促し、消費活性化のきっかけとする（『働き方改革実行計画』工程表 P.40）。

B　誤り。　義務ではなく、努力義務である。「労働時間等の設定の改善に関する特別措置法を改正し、事業者は、前日の終業時刻と翌日の始業時刻の間に一定時間の休息の確保に努めなければならない旨の努力義務を課し、制度の普及促進に向けて、政府は労使関係者を含む有識者検討会を立ち上げる」（『働き方改革実行計画』本文 P.12）。

C　正しい。　「過労死等防止対策推進法に基づく大綱においてメンタルヘルス対策等の新たな目標を掲げることを検討するなど、政府目標を見直す」（『働き方改革実行計画』本文 P.12）。

以上により、問題文 AC は正しいが、B は誤っている。従って、正解はイとなる。

問題21： 解答　ウ

アイ　正しい。　職場のパワーハラスメントとは、「同じ職場で働く者に対して、職務上の地位や人間関係などの職場内の優位性を背景に、業務の適正な範囲を超えて、精神的・身体的苦痛を与える又は職場環境を悪化させる行為」と定義をしている（厚生労働省『あかるい職場応援団』）。

ウ　誤　り。　職場のパワーハラスメントについて、裁判例や個別労働関係紛争処理事案に基づき、次の6類型を典型例として整理されている。なお、これらは職場のパワーハラスメントに当たりうる行為のすべてについて、網羅するものではないことに留意する必要がある。

行為類型	具体例
1．身体的な攻撃	暴行・傷害
2．精神的な攻撃	脅迫・名誉毀損・侮辱・ひどい暴言
3．人間関係からの切り離し	隔離・仲間外し・無視
4．**過大な要求**	業務上明らかに不要なことや遂行不可能なことの強制、仕事の妨害
5．過小な要求	業務上の合理性なく、能力や経験とかけ離れた程度の低い仕事を命じることや仕事を与えないこと
6．個の侵害	私的なことに過度に立ち入ること

エ　正しい。　企業として「職場のパワーハラスメントはなくすべきものである」という方針を、企業のトップから明確に打ち出すことが望まれる。組織として、そのような方針が明確になることにより、相手の人格を認め、尊重し合いながら仕事を進める意識が育まれる（厚生労働省『あかるい職場応援団』）。

問題22： 解答　イ

> 　短時間正社員制度は、育児・介護等と仕事を両立したい社員、定年後も働き続けたい高齢者等、様々な人材に、勤務時間や勤務日数をフルタイム正社員よりも短くしながら活躍してもらうための仕組みである。
> 　また、短時間正社員とは、フルタイム正社員と比較して、**1週間**の所定労働時間が短い正規型の社員であって、次のいずれにも該当する社員のことを言う。
> **① 期間の定めのない労働契約（無期労働契約）**を締結している
> ② 時間当たりの基本給及び賞与・退職金等の算定方法等が同種のフルタイム正社員と同等

（厚生労働省『短時間正社員制度導入支援ナビ』）

問題23： 解答　ウ

　テレワークの実施目的をみてみると「定型的業務の効率・生産性の向上」が43.9％と高くなっているが、そのほか「家庭生活を両立させる従業員への対応」「従業員の移動時間の短縮・効率化」「従業員のゆとりと健康的な生活の確保」が、それぞれ50.9％、43.9％、31.6％となっているようにワーク・ライフ・バランスを配慮した目的の割合も高くなっていることが分かり、企業が労働生産性の向上のみならず従業員のワーク・ライフ・バランスに資する目的でテレワークを実施していることがうかがえる。なお、「優秀な人材の雇用確保」は22.8％となっている（平成29年版労働経済白書 P.160~162）。

ワークスタイルコーディネーター認定試験　解答・解説
第1課題．働き方改革総論

問題24：解答　エ

ア　正しい。　テレワークは、時間や空間の制約にとらわれることなく働くことができるため、子育て、介護と仕事の両立の手段となり、多様な人材の能力発揮が可能となる（『働き方改革実行計画』本文P.15）。

イ　正しい。　「テレワークの導入に当たっては、労働時間の管理を適切に行なうことが必要であるが、育児や介護などで仕事を中抜けする場合の労働時間の取扱いや、半日だけテレワークする際の移動時間の取扱方法があきらかにされていない」（『働き方改革実行計画』本文P.16）。

ウ　正しい。　働き方改革実行計画によれば、国家戦略特区により、テレワーク導入企業に対するワンストップの相談支援を実施するとしている（『働き方改革実行計画』本文P.16）。

エ　誤　り。　働き方改革実行計画によれば、近年、モバイル機器が普及し、自宅で働くだけでなく、サテライトオフィス勤務やモバイル勤務といった新たな形態のテレワークが増加している（『働き方改革実行計画』本文P.15）。

問題25：解答　ウ

ア　正しい。　副業や兼業は、新たな技術の開発、オープンイノベーションや起業の手段、そして第2の人生の準備として有効である（『働き方改革実行計画』本文P.15）。

イ　正しい。　我が国の場合、テレワークの利用者、副業・兼業を認めている企業は、いまだ極めて少なく、その普及を図っていくことは重要である（『働き方改革実行計画』本文P.15）。

ウ　誤　り。　本業への労務提供や事業運営、会社の信用・評価に支障が生じる場合等以外は、副業・兼業を認める方向で、モデル就業規則を2017年度に改定し、就業規則等において合理的な理由なく副業・兼業を制限できないことを周知する（『働き方改革実行計画』工程表P.46）。

エ　正しい。　副業・兼業を通じた創業・新事業の創出や副業・兼業者の受入れなどによる中小企業の人手不足対応について、多様な先進事例の周知啓発や、相談体制の充実を図る（『働き方改革実行計画』工程表P.46）。

問題26：解答　ウ

ア　正しい。　会社の意識改革と受入れ体制の整備が必要であるため、経営トップ、管理職等の意識改革や両立を可能とする社内制度の整備を促す（『働き方改革実行計画』本文P.20）。

イ　正しい。　企業トップ自らがリーダーシップを発揮し、働く人の心身の健康の保持増進を経営課題として明確に位置づけ、病気の治療と仕事の両立支援を含め積極的に取り組むことを強力に推進する（『働き方改革実行計画』本文P.20）。

ウ　誤　り。　「産業医」が誤りで、正しくは「両立支援コーディネーター」である。両立支援コーディネーターには、医療や心理学、労働関係法令や労務管理に関する知識を身に付け、患者、主治医、会社などのコミュニケーションのハブとして機能することが期待される（『働き方改革実行計画』本文P.21）。

エ　正しい。　過重な長時間労働やメンタル不調などにより過労死等のリスクが高い状況にある労働者を見逃さないため、産業医による面接指導や健康相談等が確実に実施されるようにし、企業における労働者の健康管理を強化する（『働き方改革実行計画』本文P.21）。

問題27： 解答　イ

ア　正しい。　自らのライフステージに合わせ、男女とも仕事と育児・介護等との両立ができるよう、保育の受け皿・介護サービス等の整備や保育・介護人材の処遇改善を進めつつ、両立支援策を強化していく（『働き方改革実行計画』工程表 P.48）。

イ　誤　り。　「10万人」が誤りで、正しくは「50万人」である。「介護離職ゼロ」に向け、介護の受け皿については、2020年代初頭までに、50万人分以上の整備を確実に推進する（『働き方改革実行計画』本文 P.22）。

ウ　正しい。　部下や同僚の育児・介護等に配慮・理解のある上司（イクボス）を増やすため、ロール・モデル集の作成やイクボス宣言を広める（『働き方改革実行計画』本文 P.23）。

エ　正しい。　男性育児休業の取得状況の見える化を推進する観点から、次世代育成支援対策推進法の一般事業主行動計画の記載事項の見直しを2017年度に行うとともに、同法の改正後5年に当たる2020年度までに、男性の育児参加を促進するための更なる方策を検討する（『働き方改革実行計画』工程表 P.49）。

問題28： 解答　ウ

ア　正しい。　障害者等が希望や能力、適性を十分に活かし、障害の特性等に応じて最大限活躍できることが普通になる社会を目指す（『働き方改革実行計画』工程表 P.50）。

イ　正しい。　障害者の在宅就業等を促進するため、在宅就業する障害者と発注企業を仲介する事業のモデル構築や、優良な仲介事業の見える化を支援するとともに、在宅就業支援制度（在宅就業障害者に仕事を発注した企業に特例調整金等を支給）の活用促進を図る（『働き方改革実行計画』工程表 P.50）。

ウ　誤　り。　「2020年4月」が誤りで、正しくは「2018年4月」である。2018年4月より法定雇用率を引き上げるとともに、障害者雇用ゼロ企業が障害者の受入れを進めるため、実習での受入れ支援や、障害者雇用に関するノウハウを付与する研修の受講を進めるほか、障害者雇用に知見のある企業 OB 等の紹介・派遣を行う（『働き方改革実行計画』本文 P.23）。なお、法定雇用率の引き上げに関して、2018年4月から3年を経過する日より前に、更に 0.1%引き上げる予定である。

エ　正しい。　発達障害やその可能性のある方も含め、障害の特性に応じて一貫した修学・就労支援を行えるよう、教育委員会・大学、福祉・保健・医療・労働等関係行政機関と企業が連携する体制を構築する（『働き方改革実行計画』本文 P.23）。

ワークスタイルコーディネーター認定試験　解答・解説
第1課題．働き方改革総論

問題29： 解答　イ

　ア　正しい。　厚生労働省の「『外国人雇用状況』の届出状況まとめ（平成 29 年 10 月末現在)」によれば、外国人労働者を雇用している事業所数は 194,595 か所であり、外国人労働者数は 1,278,670 人であった。これは平成 28 年 10 月末現在の 172,798 か所、1,083,769 人に対し、21,797 か所（12.6%）の増加、194,901 人（18.0%）の増加となった。外国人を雇用している事業所数、及び外国人労働者数ともに平成 19 年に届出が義務化されて以来、過去最高の数値を更新した。

　イ　誤　り。　「ベトナム」が誤りで、正しくは「中国」である。厚生労働省の『外国人雇用状況』の届出状況まとめ（平成 29 年 10 月末現在)」によれば、国籍別にみると中国が最も多く 372,263 人で、外国人労働者全体の 29.1%を占める。次いで、ベトナム 240,259 人（同 18.8%）、フィリピン 146,798 人（同 11.5%）、ブラジル 117,299 人（同 9.2%）の順となっている。特に、ベトナムについては対前年同期比で 68,241 人（39.7%）増加、また、ネパールについても、同 16,341 人（31.0%）と大幅な増加となっている。

　ウ　正しい。　経済連携協定（EPA）等に基づく外国人看護師候補者及び介護福祉士候補者の受入れは、2008 年度にインドネシアから実施されている（厚生労働省『平成 29 年版厚生労働白書』P.267,268）。

　エ　正しい。　2020 年東京オリンピック・パラリンピック競技大会関連の建設需要に的確に対応するための緊急かつ時限的措置として、建設分野における外国人の受入れの実施が決定され、2015 年度初頭から受入れを開始している（厚生労働省『平成 29 年版厚生労働白書』P.267）。

問題30： 解答　イ

　日本で就労する外国人材は、評価システムが不透明であることや、求められる日本語の水準が高いこと等を不満に感じており、我が国経済社会の活性化に資する**専門的・技術的分野**の外国人材を更に積極的に受け入れていくためには、外国人材にとっても魅力ある就労環境等を整備していく必要がある。
　加えて、優秀な人材の獲得競争が世界でますます激化していく中で、高度な外国人材を我が国に惹き付け、長期にわたり活躍してもらうため、高度外国人材の永住許可申請に要する在留期間を現行の 5 年から世界最速級の**1**年とする日本版高度外国人材**グリーンカード**を創設する。

（『働き方改革実行計画』本文 P.27）

問題31：解答　ア

- ア　誤り。　「介護分野を中心に」が誤りで、正しくは「高度なIT分野を中心に」である。「また、民間企業における1人当たりの教育訓練費が減少傾向にある一方で、人工知能（AI）などによる第4次産業革命が働く人に求められるスキルを急速に変化させているため、技術革新と産業界のニーズに合った能力開発を進める。高度なIT分野を中心に、今後需要増加が見込まれるスキルに関する専門教育講座を開拓・見える化し、その受講を支援する」（『働き方改革実行計画』本文P.18）。

- イ　正しい。　「大学等における職務遂行能力向上に資するリカレント教育を受け、その後再就職支援を受けることで、1人ひとりのライフステージに合った仕事を選択しやすくする。このため、雇用保険法を改正し、職場で求められるスキルに直結する専門教育講座の受講費用に対する教育訓練給付を拡充する」（『働き方改革実行計画』本文P.17）。

- ウ　正しい。　「子育て等により離職した女性のリカレント教育や高度なITなど個人の主体的な学び直しを通じたキャリアアップ・再就職への支援を抜本的に拡充する」（『働き方改革実行計画』工程表P.52）。

- エ　正しい。　「我が国では正社員だった女性が育児で一旦離職すると、復職や再就職を目指す際に、過去の経験、職業能力を活かせない職業に就かざるを得ないことが、労働生産性の向上の点でも問題を生じさせている」（『働き方改革実行計画』本文P.17）。

問題32：解答　ウ

> くるみんマークとは、**次世代育成支援対策推進法**に基づき、一般事業主行動計画を策定した企業のうち、計画に定めた目標を達成し、一定の基準を満たした企業は、申請を行うことによって「**子育てサポート企業**」として、厚生労働大臣の認定（くるみん認定）を受けることができ、**くるみん**マークを商品、広告、求人広告などにつけ、**子育てサポート企業**であることをPRできる。

（厚生労働省HP『くるみんマーク・プラチナくるみんマークについて』）

ワークスタイルコーディネーター認定試験　解答・解説
第1課題. 働き方改革総論

問題33：解答　ウ

A　正しい。　働き方改革実行計画では、給付型奨学金を創設し、低所得世帯の進学者2万人に対し、国公私や通学形態の違いにより月額2万円から4万円を給付するとしている（『働き方改革実行計画』本文 P.25、工程表 P.58）。

B　正しい。　働き方改革実行計画では、財源を確保しながら幼児教育無償化を段階的に推進するとともに、国公私立を通じた義務教育段階の就学支援、高校生等奨学給付金、大学等の授業料減免の充実等による教育費の負担軽減を図るとしている（『働き方改革実行計画』本文 P.25、工程表 P.58）。

C　誤　り。　「第2子以降に加え、第1子も無償とする」が誤りで、正しくは「第3子以降に加え、第2子も無償とする」である。働き方改革実行計画では、幼児教育について、2017 年度予算において、所得の低い世帯では、第3子以降に加え、第2子も無償とするなど、無償化の範囲をさらに拡大するとしている（『働き方改革実行計画』本文 P.25）。

以上により、問題文 AB は正しいが、C は誤っている。従って、正解はウとなる。

問題34：解答　エ

　　現在仕事をしている高齢者（60 歳以上の男女を対象）の約4割が「働けるうちはいつまでも」働きたいと回答。70 歳くらいまでもしくはそれ以上との回答と合計すれば、約8割が高齢期にも高い就業意欲を持っている様子がうかがえる。他の回答では、「80 歳くらいまで（4.4％）」「仕事をしたいと思わない（1.8％）」となっている（内閣府『平成 29 年版高齢社会白書』P.30,32）。

問題35：解答　エ

ア　正しい。　高齢者就労促進の中核の1つは、多様な技術・経験を有するシニア層が、1つの企業に留まらず、幅広く社会に貢献できる仕組みである（『働き方改革実行計画』本文 P.26）。

イ　正しい。　高齢者による起業時の雇用助成措置を強化するとともに、地域の様々な機関が連携して高齢者の就業機会を創る取組みの中で、起業の促進を図る（『働き方改革実行計画』工程表 P.60）。

ウ　正しい。　65 歳以降の継続雇用延長や 65 歳までの定年延長を行う企業への支援を充実し、将来的に継続雇用年齢等の引上げを進めていくための環境整備を行っていく（『働き方改革実行計画』本文 P.26）。

エ　誤　り。　「フレキシブル社会」が誤りで、正しくは「エイジレス社会」である。高齢者の就業促進のポイントは、年齢に関わりなく公正な職務能力評価により働き続けられる「エイジレス社会」の実現であり、これが、若者のやる気、そして企業全体の活力の増進にもつながる（『働き方改革実行計画』本文 P.26）。

第２課題．働き方に関する現行法の理解

問題36：解答　エ

本問は、勤労の権利と義務についての理解を問うものである。

ア　正しい。　勤労の権利の内容に、国は、２つの政策義務の１つとして、労働の機会を得られない労働者に対し、生活を保障する義務を負うことが挙げられる。従って、本記述は正しい。

イ　正しい。　勤労の権利の内容に、国は、２つの政策義務の１つとして、労働者が自己の能力と適性を活かした労働の機会を得られるように労働市場の体制を整える義務を負うことが挙げられる。従って、本記述は正しい。

ウ　正しい。　「すべて国民は、勤労の権利を有し、義務を負ふ」とされるが、ここにいう「国民」とは労働者のことをいう。従って、本記述は正しい。

エ　誤　り。　勤労の権利は、労働者が国に対して労働する機会を要求し、それが不可能なときには相当の生活費を要求することができると解されている。勤労の義務は、働く能力も機会もあるにもかかわらず、働こうとしない者は生活保護を要求できないという意味に解されている。従って、本記述は誤っている。

問題37：解答　ア

本問は、雇用対策法及び雇用政策の目的・基本理念についての理解を問うものである。

ア　誤　り。　雇用対策法３条には、「労働者は、その職業生活の設計が適切に行われ、並びにその設計に即した能力の開発及び向上並びに転職に当たっての円滑な再就職の促進その他の措置が効果的に実施されることにより、職業生活の全期間を通じて、その職業の安定が図られるように配慮されるもの」と規定されており、転職にあたっての円滑な再就職の促進その他の措置の実施についても規定されている。従って、本記述は誤っている。

イ　正しい。　雇用対策法１条１項は、「国が、少子高齢化による人口構造の変化等の経済社会情勢の変化に対応して、雇用に関し、その政策全般にわたり、必要な施策を総合的に講ずることにより、労働市場の機能が適切に発揮され、労働力の需給が質量両面にわたり均衡することを促進して、労働者がその有する能力を有効に発揮することができるようにし、これを通じて、労働者の職業の安定と経済的社会的地位の向上とを図るとともに、経済及び社会の発展並びに完全雇用の達成に資すること」を目的として規定している。従って、本記述は正しい。

ウ　正しい。　雇用対策法の運用にあたっては、「労働者の職業選択の自由及び事業主の雇用の管理についての自主性を尊重しなければなら」ないと規定されている（雇用対策法１条２項）。従って、本記述は正しい。

エ　正しい。　憲法の勤労権に基づく国の労働市場政策（雇用政策、雇用対策）の基本方針と全体像を明らかにするのが雇用対策法である。同法は、労働市場の一般的施策、及び個別的施策（女性、若者、高齢者、障害者の雇用対策の促進等）について、基本となる理念と体系を明らかにしたうえ、それら労働市場政策に共通の事業主の責務を定める。従って、本記述は正しい。

ワークスタイルコーディネーター認定試験　解答・解説
第２課題．働き方に関する現行法の理解

問題38：　解答　　ウ

本問は、職業安定機関、民間事業者に共通の行為ルールについての理解を問うものである。

　　　ア　正しい。　　労働市場においては、「職業紹介」、「職業指導」、「委託募集」などを基本概念（類型）としつつ、
　　　　　　　　　求人・求職の媒介・結合のためのサービスが国の職業安定機関及び民間の事業者によって様々
　　　　　　　　　な態様で行われる。従って、本記述は正しい。

　　　イ　正しい。　　1999年改正職業安定法は、国の職業安定機関と民間の事業者の労働市場における職業関連サー
　　　　　　　　　ビスに共通のルールを次のように設定している。その内容は、「職業選択の自由（憲法22条、職
　　　　　　　　　業安定法2条）・差別的取扱いの禁止（職業安定法3条）・労働条件等の明示（職業安定法5条
　　　　　　　　　の3）・個人情報の保護（職業安定法5条の4）・勤労権保障のための職業紹介の基本ルール（職
　　　　　　　　　業安定法5条の5、5条の6、5条の7）・労働争議への不介入の原則（職業安定法20条、34
　　　　　　　　　条、42条の2）」である。従って、本記述は正しい。

　　　ウ　誤　り。　　職業安定法は、求人者が公共職業安定所および職業紹介事業者の紹介による求職者と労働契約
　　　　　　　　　を締結しようとする場合、求職者に対して従事すべき業務内容および労働条件を明示しなけれ
　　　　　　　　　ばならないと規定しているが、明示方法として、書面による交付する方法が規定されている（職
　　　　　　　　　業安定法5条の3第3項、職業安定法施行規則4条の2第2項1号）。従って、本記述は、書面
　　　　　　　　　による明示までは規定していないとしている点で、誤っている。

　　　エ　正しい。　　勤労権保障のための職業紹介の基本ルールに関して、公共職業安定所および職業紹介事業者は
　　　　　　　　　すべての求人・求職の申込みを受理すべし、との求人求職受理の原則がある（職業安定法5条
　　　　　　　　　の5、5条の6）。ただし、求人または求職の申し込みの内容が法令に違反するときは受理しな
　　　　　　　　　いことができる（職業安定法5条の5、5条の6）。また、適職紹介の責務も課せられることに
　　　　　　　　　なる（職業安定法5条の7）。従って、本記述は正しい。

問題39：　解答　　エ

本問は、雇用保険法についての理解を問うものである。

　　　ア　正しい。　　「失業」とは、被保険者が離職し、労働の意思及び能力を有するにもかかわらず、職業に就く
　　　　　　　　　ことができない状態にあることをいう（雇用保険法4条3項）。

　　　イ　正しい。　　卒業を予定している者であって、適用事業に雇用され、卒業した後も引き続き当該事業に雇用
　　　　　　　　　されることとなっているものは、被保険者となり得る（雇用保険法6条4号、同法施行規則3
　　　　　　　　　条の2第1号）。

　　　ウ　正しい。　　基本手当は、被保険者が失業した場合において、離職の日以前2年間（算定対象期間）に、被保
　　　　　　　　　険者期間が通算して12か月以上あることが要件となる（雇用保険法13条1項）。

　　　エ　誤　り。　　特定受給資格者の場合、基本手当の所定給付日数は、受給資格者の離職日における年齢、離職
　　　　　　　　　の理由と算定基礎期間によって定められている（雇用保険法23条）。
　　　　　　　　　「特定受給資格者」とは、次のいずれかに該当する受給資格者（就職困難者を除く、厚生労働
　　　　　　　　　省令で定める理由により就職が困難なもの）をいう。
　　　　　　　　　① 受給資格に係る離職が、その者を雇用していた事業主の事業について発生した倒産又は当該
　　　　　　　　　　事業主の適用事業の縮小もしくは廃止に伴うものである者として厚生労働省令で定めるも
　　　　　　　　　　の
　　　　　　　　　② 解雇（自己の責めに帰すべき重大な理由によるものを除く）その他の厚生労働省令で定める
　　　　　　　　　　理由により離職した者
　　　　　　　　　「算定基礎期間」とは、原則として、受給資格者が「基準日まで引き続いて同一の事業主の適
　　　　　　　　　用事業に被保険者として雇用された期間」のことである。

46

ワークスタイルコーディネーター認定試験　解答・解説
第2課題. 働き方に関する現行法の理解

問題40：　解答　ア

本問は、高年齢者雇用安定法の内容についての理解を問うものである。

　　ア　誤　り。　高年齢者雇用安定法は、65歳未満の定年の定めをしている事業主は、その雇用する高年齢者の65歳までの安定した雇用を確保するため、当該定年の引上げ・継続雇用制度の導入・当該定年の定めの廃止、のいずれかの措置を講じなければならない（高年齢者雇用確保措置）、と規定する（高年齢者雇用安定法9条）。従って、本記述は誤っている。

　　イ　正しい。　「この法律は、定年の引上げ、継続雇用制度の導入等による高年齢者の安定した雇用の確保の促進、高年齢者等の再就職の促進、定年退職者その他の高年齢退職者に対する就業の機会の確保等の措置を総合的に講じ、もって高年齢者等の職業の安定その他福祉の増進を図るとともに、経済及び社会の発展に寄与することを目的とする」と規定されている（高年齢者雇用安定法1条）。従って、本記述は正しい。

　　ウ　正しい。　「事業主がその雇用する労働者の定年（以下単に「定年」という。）の定めをする場合には、当該定年は、60歳を下回ることができない。ただし、当該事業主が雇用する労働者のうち、高年齢者が従事することが困難であると認められる業務として厚生労働省令で定める業務に従事している労働者については、この限りでない」と規定されている（高年齢者雇用安定法8条）。従って、本記述は正しい。

　　エ　正しい。　事業主は、解雇等により離職が予定されている高年齢者等の従業員が希望するときは、「求職活動支援書（高年齢者雇用安定法施行規則6条の3第8項）」を作成し、本人に交付しなければならない（高年齢者雇用安定法17条1項）。従って、本記述は正しい。

問題41：　解答　イ

本問は、若者雇用促進法についての理解を問うものである。

　　ア　正しい。　若者雇用促進法は、青少年について、適性、技能及び知識の程度にふさわしい職業（適職）の選択や職業能力の開発・向上に関する措置等を総合的に講ずることにより、雇用の促進等を図ることを通じて青少年がその有する能力を有効に発揮することができるようにし、もって福祉の増進を図り、あわせて経済及び社会の発展に寄与することを目的とする（若者雇用促進法1条）。少子高齢化が進行し、若年労働力人口の減少に対する対策として、若者が、次代を担うべき存在として活躍できる環境整備を図るため、雇用対策に総合的・体系的に取り組む必要性が国家にあることが、立法事実の根幹にある。従って、本記述は正しい。

　　イ　誤　り。　若者雇用促進法によれば、公共職業安定所（ハローワーク）は、一定の労働関係法令の違反があった求人者については、学校卒業見込者等であることを条件とした求人の申込みを受理しないことができるとされている（若者雇用促進法11条）。同法に本記述のような内容の規定は存在しない。従って、本記述は誤っている。

　　ウ　正しい。　若者雇用促進法によれば、新卒者の募集を行う事業主は、ⅰ）幅広い職場情報を提供するように努めなければならず、ⅱ）応募者等から求めがあった場合は、法令が定める「青少年雇用情報」（当該企業における募集採用の状況、雇用管理の状況、職業能力の開発・向上のそれぞれにつき省令の定める事項のうちの1つ以上）を提供しなければならない（若者雇用促進法13条）。従って、本記述は正しい。

　　エ　正しい。　若者雇用促進法によれば、国は、就業、修学及び職業訓練の受講のいずれもしていない青少年であって、職業生活を円滑に営む上での困難を有するもの（「無業青少年」）に対し、特性に応じた適職の選択その他の職業生活に関する相談の機会の提供、職業生活における自立を支援するための施設（地域若者サポートステーション等）の整備等の必要な措置を講ずるように努めなければならないと規定している（若者雇用促進法23条）。従って、本記述は正しい。

ワークスタイルコーディネーター認定試験　解答・解説
第２課題．働き方に関する現行法の理解

問題42： 解答　イ

本問は、障害者雇用促進法における障害者に対する雇用義務等についての理解を問うものである。

　　ア　正しい。　障害者である労働者は、職業に従事する者としての自覚を持ち、自ら進んで、その能力の開発及び向上を図り、有為な職業人として自立するように努めなければならない（障害者雇用促進法４条）。従って、本記述は正しい。

　　イ　誤　り。　事業主は、募集・採用において、障害者に対して障害者でない者と均等な機会を与えなければならない（障害者雇用促進法 34 条）。従って、本記述は、努力しなければならないとしている点で、誤っている。

　　ウ　正しい。　事業主は、賃金の決定・教育訓練の実施・福利厚生施設の利用その他の待遇について、労働者が障害者であることを理由に障害者でない者と不当な差別的取扱いをしてはならない（障害者雇用促進法 35 条）。従って、本記述は正しい。

　　エ　正しい。　障害者である労働者を解雇しようとする事業主は、労働者の責めに帰すべき理由により解雇する場合その他厚生労働省令で定める場合を除き、その旨を速やかに公共職業安定所長に届け出なければならない（障害者雇用促進法 81 条１項、同法施行規則 42 条）。従って、本記述は正しい。

問題43： 解答　エ

本問は、外国人技能実習制度についての理解を問うものである。

　　ア　正しい。　「技能実習生」とは、企業単独型技能実習生及び団体監理型技能実習生をいい、それぞれにつき、第１号技能実習生、第２号技能実習生、第３号技能実習生に分かれる（技能実習法２条１項後段、２条３項・５項）。従って、本記述は正しい。

　　イ　正しい。　「実習実施者は、技能実習の適正な実施及び技能実習生の保護について、技能実習を行わせる者としての責任を自覚し、第３条の基本理念にのっとり、技能実習を行わせる環境の整備に努めるとともに、国及び地方公共団体が講ずる施策に協力しなければならない」（技能実習法５条１項）。

　　ウ　正しい。　技能実習は、技能等の適正な修得、習熟又は熟達のために整備され、かつ、技能実習生が技能実習に専念できるようにその保護を図る体制が確立された環境で行われなければならない（技能実習法３条１項）。技能実習の基本理念である。従って、本記述は正しい。

　　エ　誤　り。　「技能実習は、労働力の需給の調整の手段として行われてはならない」（技能実習法３条２項）。技能実習の基本理念である。従って、本記述は誤っている。

48

問題44：解答　イ

本問は、労働契約についての理解を問うものである。

　ア　正しい。　労働契約における「合意」（労働契約法6条）については、契約書の作成などの要式は必要とされておらず、口頭によるものでもよく、また、明示のものである必要もなく、当事者の態度などの客観的事実から明確に認定できる黙示の合意があればよい。従って、本記述は正しい。

　イ　誤　り。　使用者が優越的な立場で指揮命令権、業務命令権、人事権などを行使する労働関係においては、権限行使の行き過ぎを抑制するために権利濫用の原則が発達し、労働契約法はその旨の規定をした。

　ウ　正しい。　労働者については、営業秘密の保持義務、競業避止義務、使用者の名誉・信用を毀損しない義務などが肯定され、これに反すると、損害賠償を受ける可能性がある。従って、本記述は正しい。

　エ　正しい。　労働者が事業の執行について、第三者に損害を及ぼし、その使用者が第三者に損害を賠償した場合、使用者は労働者に対し、求償権を行使することができる（民法715条1項・3項）。従って、本記述は正しい。

問題45：解答　ウ

本問は、現行の労働基準法・労働契約法における就業規則についての理解を問うものである。

　ア　正しい。　常時10人以上の労働者を使用する使用者は、一定事項について就業規則を作成し、行政官庁に届け出なければならない（労働基準法89条柱書）。規則の内容について、一定の限界を設定し、この限界が遵守されるように行政的な監督を実施するためである。従って、本記述は正しい。

　イ　正しい。　使用者は、就業規則を常時各作業場の見やすい場所へ掲示し、または備え付けること、書面を交付すること、またはコンピューターを使用した方法によって、労働者に周知させなければならない（労働基準法106条1項）。この義務は、法令の周知義務と並ぶものである。従って、本記述は正しい。

　ウ　誤　り。　解雇の事由を定める事項については、就業規則に記載しなければならず、行政官庁に届け出なければならない（労働基準法89条3号かっこ書）。従って、本記述は、努めなければならないとしている点で誤っている。

　エ　正しい。　就業規則に規定された労働契約の内容である労働条件の不利益変更は、労働契約法10条の要件を満たさない限り、労働者と合意することなく行うことはできない（労働契約法9条）。なお、労働契約法10条は、「使用者が就業規則の変更により労働条件を変更する場合において、変更後の就業規則を労働者に周知させ、かつ、就業規則の変更が、労働者の受ける不利益の程度、労働条件の変更の必要性、変更後の就業規則の内容の相当性、労働組合等との交渉の状況その他の就業規則の変更に係る事情に照らして合理的なものであるときは、労働契約の内容である労働条件は、当該変更後の就業規則に定めるところによるものとする。ただし、労働契約において、労働者及び使用者が就業規則の変更によっては変更されない労働条件として合意していた部分については、第12条（就業規則違反の労働契約）に該当する場合を除き、この限りでない」と規定する。ここで、労働契約法12条は、就業規則違反の労働契約について規定する。従って、本記述は正しい。

ワークスタイルコーディネーター認定試験　解答・解説
第2課題．働き方に関する現行法の理解

問題46：　解答　イ

　　就業規則に記載する内容には、必ず記載しなければならない事項（絶対的必要記載事項）と、当該事業場で定め
をする場合に記載しなければならない事項（相対的必要記載事項）がある（労働基準法 89 条、H11.3.31 基発 168
号）。

　　ア　正しい。　労働者を2組以上に分けて交替に就業させる場合において、就業時転換に関する事項は、絶対
　　　　　　　　　的必要記載事項とされている（労働基準法 89 条 1 号、H11.3.31 基発 168 号）。

　　イ　誤　り。　退職手当の適用される労働者の範囲、退職手当の決定、計算及び支払の方法並びに退職手当の
　　　　　　　　　支払の時期に関する事項は、相対的必要記載事項とされている（労働基準法 89 条 3 の 2 号、
　　　　　　　　　H11.3.31 基発 168 号）。

　　ウ　正しい。　始業及び終業の時刻、休憩時間、休日、休暇に関する事項は、絶対的必要記載事項とされてい
　　　　　　　　　る（労働基準法 89 条 1 号、H11.3.31 基発 168 号）。

　　エ　正しい。　賃金（臨時の賃金等を除く）の決定、計算及び支払の方法、賃金の締切り及び支払の時期並び
　　　　　　　　　に昇給に関する事項は、絶対的必要記載事項とされている（労働基準法 89 条 2 号、H11.3.31
　　　　　　　　　基発 168 号）。

問題47：　解答　ウ

本問は、採用の自由についての理解を問うものである。

　　ア　正しい。　労働基準法3条は、労働者の国籍によって賃金その他の労働条件につき差別することを禁じて
　　　　　　　　　いるが、これは雇入れ後における労働条件についての制限であって、雇入れそのものを制約す
　　　　　　　　　る規定ではない。

　　イ　正しい。　企業者について、判例（三菱樹脂事件・最大判昭 48.12.12）は、経済活動の一環としてする契
　　　　　　　　　約締結の自由を有し、自己の営業のために労働者を雇傭するにあたり、いかなる者を雇い入れ
　　　　　　　　　るか、いかなる条件でこれを雇うかについて、法律その他による特別の制限がない限り、原則
　　　　　　　　　として自由にこれを決定することができるとしている。いかなる場合も採用を決定する権限を
　　　　　　　　　有する訳ではない。

　　ウ　誤　り。　調査については、採用の自由に基づく応募者に対する選択の自由から派生する、企業の自由が
　　　　　　　　　認められる。しかし、応募者の人格的尊厳やプライバシー等との関係で、その方法と事項との
　　　　　　　　　双方について当然の制約を免れない。実定法上も、個人情報保護法に従った応募者の個人情報
　　　　　　　　　の管理が必要となる。従って、本記述は、制約されないとしている点で、誤っている。

　　エ　正しい。　使用者は、労働者を採用するにあたって、公共職業安定所、民間職業紹介所、広告情報誌等い
　　　　　　　　　ずれの募集方法を採用することも自由である。従って、本記述は正しい。

50

ワークスタイルコーディネーター認定試験　解答・解説
第2課題. 働き方に関する現行法の理解

問題48：解答　ウ

本問は、不当な人身拘束の防止・強制労働の禁止についての理解を問う問題である。

　　ア　正しい。　使用者は、暴行、脅迫、監禁その他精神又は身体の自由を不当に拘束する手段によって、労働者の意思に反して労働を強制してはならず（労働基準法5条）、この規定に違反した場合には労働基準法の中で最も重い刑罰が科される（同法117条）。監禁部屋、タコ部屋など戦前に見られたものを禁止するものである。従って、本記述は正しい。

　　イ　正しい。　使用者は、前借金その他労働することを条件とする前貸の債権と賃金を相殺してはならない（労働基準法17条）。金銭貸借関係に基づく身分的拘束・強制労働を防止する趣旨である。従って、本記述は正しい。

　　ウ　誤　り。　使用者は、労働契約の不履行について違約金を定め、または損害賠償額を予定する契約をしてはならない（労働基準法16条）。しかし、修学費用返還制度は、一定の範囲で認められる。この契約は、裁判例上、本来本人が負担すべき自主的な修学について使用者が修学費用を貸与し、ただ修学後一定期間勤務すればその返還債務を免除する、という実質のものであれば、賠償予定禁止の違反ではない（東亜交通事件　大阪高判平成22.4.22）が、使用者が自企業における教育訓練や能力開発の一環として業務命令で修学や研修をさせ、修学後の労働者を自企業に確保するために一定期間の勤務を約束させるという実質のものであれば、違反となる（新日本証券事件　東京地判平成10.9.25）。従って、本記述は、修学費用返還制度も許されないとしている点で、誤っている。

　　エ　正しい。　使用者は、事業の附属寄宿舎に寄宿する労働者の私生活の自由を侵してはならず、寄宿舎生活の自治に必要な役員の選任に干渉してはならない（労働基準法94条）。戦前において、使用者が労働者の寄宿舎生活を支配下に置き、自由を不当に拘束した経験にかんがみ、制定された。従って、本記述は正しい。

問題49：解答　エ

本問は、セクシュアルハラスメントについての理解を問うものである。

　　ア　正しい。　使用者は、労務を提供する労働者に対して、対価として賃金を支払う義務の他に付随義務として、労働契約上の信義則に基づいた安全配慮義務（労働契約法5条）や職場環境配慮義務を負う。そのため、使用者が労働契約の内容である義務（本旨に従った債務）を怠った（履行しなかった）ときは、債務不履行となる。従って、本記述は正しい。

　　イ　正しい。　厚生労働大臣は、事業主が講ずべき職場における性的な言動に起因する問題に関する雇用管理上の措置について、その適切かつ有効な実施を図るために必要な指針を定めるものとする（男女雇用機会均等法11条2項）。従って、本記述は正しい。

　　ウ　正しい。　勤務時間外の「宴会」などであっても、実質上職務の延長と考えられるものは「職場」に該当し、その判断に当たっては、職務との関連性、参加者、参加が強制的か任意かといったことを考慮して個別に行う必要がある（厚生労働省「事業主の皆さん、職場のセクシュアルハラスメント対策はあなたの義務です！！」）。従って、本記述は正しい。

　　エ　誤　り。　「環境型セクシュアルハラスメント」とは、職場において行われる労働者の意に反する性的な言動により労働者の就業環境が不快なものとなったため、能力の発揮に重大な悪影響が生じる等当該労働者が就業する上で看過できない程度の支障が生じることである（事業主が職場における性的な言動に起因する問題に関して雇用管理上講ずべき措置についての指針）。本肢の内容は、「対価型セクシュアルハラスメント」のものである。従って、本記述は誤っている。

51

ワークスタイルコーディネーター認定試験　解答・解説
第２課題．働き方に関する現行法の理解

問題50：　解答　イ

本問は、雇用における男女の平等についての理解を問うものである。

ア　正しい。　男女の同一賃金の原則が禁止するのは、『賃金について』の差別的取扱いにとどまり、採用・配
　　　　　　置・昇進・教育訓練などの差別に由来する賃金の違いは、この原則に抵触しない。これらの差
　　　　　　別については、男女平等の公序法理と男女雇用機会均等法が規制している。従って、本記述は
　　　　　　正しい。

イ　誤　り。　男女同一賃金の原則については、刑罰規定があり（労働基準法119条）、またこれを背景として
　　　　　　労働基準監督署による是正指導がなされる。なお、私法上はこの原則に反する行為は無効であ
　　　　　　り、損害を与えれば不法行為となりうる。従って、本記述は、刑罰規定はないとしている点で、
　　　　　　誤っている。

ウ　正しい。　事業主は、女性労働者が婚姻し、妊娠し、又は出産したことを退職理由として予定する定めを
　　　　　　してはならない（男女雇用機会均等法9条）。

エ　正しい。　事業主は、労働者の募集及び採用について、その性別にかかわりなく均等な機会を与えなけれ
　　　　　　ばならない（男女雇用機会均等法5条）。

問題51：　解答　イ

本問は、クーリングについての理解を問うものである。

A　正しい。　「クーリング」とは、有期労働契約とその次の有期労働契約の間に、契約がない期間が一定期
　　　　　　間（カウント対象となる有期労働契約の契約期間が1年以上の場合は6か月）以上あるときは、
　　　　　　その空白期間より前の有期労働契約は通算契約期間に算入しないことである（労働契約法18条
　　　　　　2項）。従って、本記述は正しい。

B　誤　り。　「1年未満」が誤りで、正しくは「6か月未満」である。カウント対象となる有期労働契約の
　　　　　　契約期間が1年以上の場合で、空白期間が6か月以上あるときは、空白期間より前の有期労働
　　　　　　契約は通算契約期間に算入せず（クーリングされる）、空白期間が6か月未満の場合は、前後の
　　　　　　有期労働契約の期間を通算する（クーリングされない）。従って、本記述は誤っている。

C　正しい。　カウント対象となる有期労働契約の契約期間が1年以上の場合で、空白期間が6か月未満の場
　　　　　　合は、前後の有期労働契約の期間を通算する（クーリングされない）。従って、本記述は正しい。

　　以上により、問題文ACは正しいが、Bは誤りである。従って、正解はイとなる。

問題52： 解答　エ

本問は、パートタイム労働法についての理解を問うものである。

ア　正しい。　事業主は、短時間労働者に係る事項について就業規則を作成し、又は変更しようとするときは、当該事業所において雇用する短時間労働者の過半数を代表すると認められるものの意見を聴くように努めるものとする（パートタイム労働法7条）。従って、本記述は正しい。パートタイム労働法は、通常の労働者と同視すべきとは言えない短時間労働者についても、通常の労働者と均衡した待遇を推進すべく、事業主の努力義務、実施の措置義務、配慮義務を規定した法である。

イ　正しい。　事業主は、通常の労働者との均衡を考慮しつつ、その雇用する短時間労働者の職務の内容、職務の成果、意欲、能力又は経験等を勘案し、その賃金を決定するように努めるものとする（パートタイム労働法10条）。従って、本記述は正しい。

ウ　正しい。　事業主は、通常の労働者との均衡を考慮しつつ、その雇用する短時間労働者の職務の内容、職務の成果、意欲、能力及び経験等に応じ、当該短時間労働者に対して教育訓練を実施するように努めるものとする（パートタイム労働法11条2項）。従って、本記述は正しい。

エ　誤　り。　事業主は、短時間労働者を雇い入れたときは、速やかに、短時間労働者の待遇に関する同法上の具体的行為規範（パートタイム労働法9条から13条までの規定により措置を講ずべきこととされている事項（労働基準法15条1項に規定する厚生労働省令で定める事項及び特定事項を除く。））に関して事業主が講ずることとしている措置の内容について、当該短時間労働者に説明しなければならない（パートタイム労働法14条1項）。従って、本記述は、努力義務としている点で、誤っている。

問題53： 解答　ウ

本問は、派遣元事業主の講ずべき措置、派遣先事業主の講ずべき措置についての理解を問うものである。

ア　正しい。　労働者派遣契約をする事業主は、労働者派遣の役務の提供を受ける者との間に労働者派遣契約を締結し、派遣労働者の従事する業務の内容、派遣先の事業所名と所在地・就業の場所・組織単位、指揮命令者、派遣の期間、就業日、就業時間・休憩時間、安全衛生、苦情処理に関する事項などを定め、また、派遣労働者の人数をこれらの事項の違いに応じて定めなければならない（労働者派遣法26条1項）。従って、本記述は正しい。

イ　正しい。　派遣先は、派遣元事業主からの求めに応じ、派遣労働者に対し、同種の業務に従事する直接雇用労働者の業務の遂行に必要な能力を付与するための教育訓練について（既に能力を有している場合等は除く）、これを実施するように配慮しなければならない（労働者派遣法40条2項）。従って、本記述は正しい。

ウ　誤　り。　派遣元事業主は、派遣先の事業所における同一の組織単位の業務について継続して3年間当該労働者派遣に係る労働に従事する見込みがある特定有期雇用労働者について、一定の措置を講じなければならない（労働者派遣法30条2項）。従って、本記述は、2年間としている点で、誤っている。なお、一定の措置とは、労働者派遣法30条1項各号に定める措置である。

エ　正しい。　派遣元事業主は、その雇用する派遣労働者の求めに応じ、当該派遣労働者の職業生活の設計に関し、相談の機会の確保その他の援助を行わなければならない（労働者派遣法30条の2第2項）。従って、本記述は正しい。

ワークスタイルコーディネーター認定試験　解答・解説
第２課題. 働き方に関する現行法の理解

問題54： 解答　ウ

本問は、現行法における賃金についての理解を問うものである。

　　ア　正しい。　賃金は、原則として、通貨で、直接労働者に、その全額を支払わなければならない（労働基準
　　　　　　　　　法24条1項）。賃金が全額確実に、労働者の手に渡るようにしたものである。従って、本記述
　　　　　　　　　は正しい。

　　イ　正しい。　賃金は、原則として、毎月1回以上、一定の期日を定めて支払わなければならない（労働基準
　　　　　　　　　法24条2項）。労働者の生活上の不安定を防止する趣旨である。従って、本記述は正しい。

　　ウ　誤　り。　賃金債権の相殺禁止の一般原則のもとでも、過払賃金の清算のための「調整的相殺」は一定限
　　　　　　　　　度で許されることとなった（最判昭和44.12.18、最判昭和45.10.30）。従って、本記述は誤っ
　　　　　　　　　ている。

　　エ　正しい。　使用者の責に帰すべき事由による休業の場合においては、使用者は、休業期間中当該労働者に、
　　　　　　　　　その平均賃金の100分の60以上の手当を支払わなければならない（労働基準法26条）。なお、
　　　　　　　　　この手当は、「休業手当」と称される。労働者の賃金生活の保障という観点から、使用者の帰責
　　　　　　　　　事由は、民法よりも拡大されている。従って、本記述は正しい。

問題55： 解答　イ

本問は、最低賃金法についての理解を問うものである。

　　ア　正しい。　「最低賃金制度」は、国が、労働契約における賃金の最低額を定めて、使用者に対してその遵
　　　　　　　　　守を強制する制度である。憲法27条2項が、国に対して要請する勤労条件の法定の中核をなす
　　　　　　　　　ものである。従って、本記述は正しい。

　　イ　誤　り。　地域別最低賃金とは、都道府県ごとに定められ、産業や職種にかかわりなく、都道府県内の事
　　　　　　　　　業場で働くすべての労働者とその使用者に対して適用される最低賃金をいう（最低賃金法9条
　　　　　　　　　1項参照）。従って、本記述は、産業や職種別としている点で、誤っている。

　　ウ　正しい。　特定（産業別）最低賃金とは、特定地域内の特定の産業について、地域別最低賃金より金額水
　　　　　　　　　準の高い最低賃金を定めることが必要と認めるものについて設定される最低賃金をいう（最低
　　　　　　　　　賃金法15条1項、16条）。従って、本記述は正しい。

　　エ　正しい。　仮に最低賃金額より低い賃金を労働者・使用者双方の合意の上で定めてもその部分について最
　　　　　　　　　低賃金法により無効とされ、最低賃金額と同額の定めをしたものとされる（最低賃金法4条2
　　　　　　　　　項）。従って、最低賃金未満の賃金しか支払わなかった場合には、最低賃金額との差額を支払わ
　　　　　　　　　なければならない。これには、強行的直律的効力がある。従って、本記述は正しい。

問題56： 解答　イ

本問は、労働基準法における休憩時間についての理解を問うものである。

　　ア　正しい。　　休憩時間とは、単に作業に従事しない手待時間は含まず、労働者が労働から離れることを保障されている時間をいう（S22.9.13　発基 17 号）。

　　イ　誤　り。　　労働基準法は、休憩時間を一括継続した時間で付与することを義務付けていない。①確実に労働から離れている、②自由に休息することが保障されていれば、休憩時間を分割して与えること自体は、法律上問題とならない（労働基準法 34 条参照）。

　　ウ　正しい。　　休憩時間は、一斉に与えなければならない。ただし、当該事業場に、労働者の過半数で組織する労働組合がある場合においてはその労働組合、労働者の過半数で組織する労働組合がない場合においては労働者の過半数を代表する者との書面による協定があるときは、この限りでない（労働基準法 34 条 2 項）。

　　エ　正しい。　　使用者は、労働時間が 6 時間を超える場合において、少なくとも 45 分、8 時間を超える場合においては少なくとも 1 時間の休憩時間を労働時間の途中に与えなければならない（労働基準法 34 条 1 項）。

問題57： 解答　ウ

本問は、労働時間の適正な把握のために使用者が講ずべき措置についての理解を問うものである。

　　A　正しい。　　使用者は、労働基準法 108 条及び同法施行規則 54 条により、賃金台帳に労働者ごとの、労働日数、労働時間数、休日労働時間数、時間外労働時間数、深夜労働時間数といった事項を適正に記入しなければならない。

　　B　正しい。　　使用者が始業・終業時刻を確認し、記録する方法としては、原則として次のいずれかの方法によることとされている（厚生労働省「労働時間の適正な把握のために使用者が講ずべき措置に関するガイドライン」）。
　　　　　　　　　① 使用者が、自ら現認することにより確認し、適正に記録すること。
　　　　　　　　　② タイムカード、IC カード、パソコンの使用時間の記録等の客観的な記録を基礎として確認し、適正に記録すること。

　　C　誤　り。　　自己申告制は、労働者による適正な申告を前提として成り立つものである。このため、使用者は、労働者が自己申告できる時間外労働の時間数に上限を設け、上限を超える申告を認めない等、労働者による労働時間の適正な申告を阻害する措置を講じてはならない（厚生労働省「労働時間の適正な把握のために使用者が講ずべき措置に関するガイドライン」）。

以上により、問題文 AB は正しいが、C は誤っている。従って、正解はウとなる。

問題58： 解答　ウ

　　a　深夜労働（午後 10 時から翌日の午前 5 時までの間の労働、厚生労働大臣が必要であると認める場合においては、午後 11 時から午前 6 時までの間の労働）をさせた場合は 2 割 5 分以上の割増賃金を支払わなければならない（労働基準法第 37 条 4 項）。

　　b　休日労働について、割増率は 3 割 5 分以上の率とされている（労働基準法 37 条 1 項、労働基準法第 37 条第 1 項の時間外及び休日の割増賃金に係る率の最低限度を定める政令）。

従って、a は 50%、b は 35% となるため正解はウとなる。

問題59： 解答　エ

本問は、フレックスタイム制についての理解を問うものである。

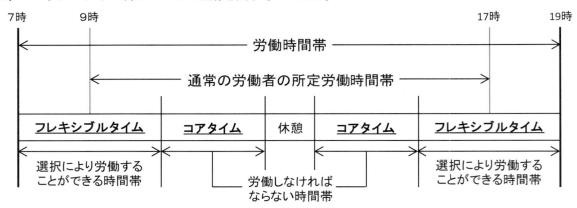

フレックスタイム制導入の要件は次のとおりである。
・一定範囲の労働者につき始業・終業時刻を各労働者の決定に委ねることを就業規則で定めること
・一定の事項を定めた事業場の労使協定を締結すること

協定されるべき主要な事項は、
① フレックスタイム制をとる労働者の範囲
② **1か月**以内の単位期間（清算期間）
③ この単位期間において働くべき「総労働時間」である。

問題60： 解答　ア

本問は、裁量労働制についての理解を問うものである。

ア　正しい。　「裁量労働制」は、業務の遂行方法が大幅に労働者の裁量に委ねられる一定の業務に携わる労働者について、労働時間の計算を実労働時間ではなく、労使の合意で定めた労働時間数を労働したものとみなす制度である（労働基準法38条の3、38条の4参照）。

イ　誤り。　裁量労働制において、1日のみなし労働時間を8時間と設定した場合は、実労働時間が5時間でも9時間でも8時間労働したものとみなされる（労働基準法38条の3第1項、38条の4第1項参照）。

ウ　誤り。　裁量労働制は、労働時間のみなし制であり、労働時間規制の適用除外制度ではないから、休憩、休日時間外・休日労働、深夜労働の法規制は依然として及ぶ（労働基準法38条の3第1項、38条の4第1項、S63.3.14 基発150号、H12.1.1 基発1号）。

エ　誤り。　本肢の内容は「専門業務型裁量労働制」に関する記述である。「企画業務型裁量労働制」は、「事業の運営に関する事項についての企画、立案、調査及び分析の業務であって、当該業務の性質上これを適切に遂行するにはその遂行の方法を大幅に労働者の裁量にゆだねる必要があるため、当該業務の遂行の手段及び時間配分の決定等に関し使用者が具体的な指示をしないこととする業務」に、「対象業務を適切に遂行するための知識、経験等を有する労働者」が就く場合に、対象労働者について、実際の労働時間と関係なく、労使委員会の決議で定めた時間労働したものとみなす制度である（労働基準法38条の4）。

問題61： 解答　エ

本問は、現行の労働基準法における年次有給休暇についての理解を問うものである。

ア　正しい。　年次有給休暇の成立要件は、労働者が６か月間継続勤務し、全労働日の８割以上出勤することである（労働基準法39条１項）。従って、本記述は正しい。

イ　正しい。　「継続勤務」は、事業場における在籍期間を意味し、勤務の実態に即して実質的に判断される。臨時労働者の正社員への採用、定年退職者の嘱託としての再採用、短期労働契約の更新、在籍での出向、休職者の復職などは、実態からみて「継続勤務」となり得る（昭63.3.14 基発150号）。従って、本記述は正しい。

ウ　正しい。　使用者は「事業の正常な運営を妨げる場合」に時季変更権が認められ、「事業の正常な運営を妨げる場合」にあたるためには、当該労働者の年休指定日の労働がその者の担当業務を含む相当な単位の業務の運営にとって不可欠であり、かつ、代替要員を確保するのが困難であることが必要である。従って、本記述は正しい。

エ　誤　り。　判例によれば、「年次休暇の利用目的は労基法の関知しないところであり、休暇をどのように利用するかは、使用者の干渉を許さない労働者の自由である」としている（林野庁白石営林事件 最判昭48.3.2）。この原則の帰結として、労働者は年次有給休暇（年休）を請求する際に、その使途を具申することを要しないし、具申した使途と別の使途に年休を用いたとしても何ら成立には影響がない。従って、本記述は、使用者に不測の不利益を与える可能性があるので許されないとしている点で、誤っている。

問題62： 解答　ア

本問は、衛生管理体制についての理解を問うものである。

ア　誤　り。　安全衛生委員会の構成員については規定されているが、安全衛生委員会の構成員の総数については、規定されておらず、構成員数は、事業場の規模、作業の実態等に応じ、事業者が適宜に決めることができるとされている（労働安全衛生法19条２項を参照）。

イ　正しい。　安全衛生委員会の調査審議事項には、長時間にわたる労働による労働者の健康障害の防止を図るための対策などに関する事項が含まれている（労働安全衛生規則22条９号）。

ウ　正しい。　事業者は、安全衛生委員会を毎月１回以上開催し、開催の都度、遅滞なく、その委員会の議事の概要を労働者に周知しなければならない（労働安全衛生規則23条１項・３項）。

エ　正しい。　安全衛生委員会を設けている事業者以外の事業者は、安全又は衛生に関する事項について、関係労働者の意見を聞くための機会を設けるようにしなければならない（労働安全衛生規則23条の２）。

ワークスタイルコーディネーター認定試験　解答・解説
第2課題. 働き方に関する現行法の理解

問題63：解答　エ

本問は、労働安全衛生法における健康診断についての理解を問うものである。

　ア　正しい。　事業者の指定した医師又は歯科医師が行なう健康診断を受けることを希望しない場合は、他の医師又は歯科医師の行なうこれらの規定による健康診断に相当する健康診断を受け、その結果を証明する書面を事業者に提出することができる（労働安全衛生法66条5項）。

　イ　正しい。　事業者は、常時使用する労働者を雇い入れるときは、当該労働者に対し、医師による健康診断を行わなければならない。ただし、医師による健康診断を受けた後、3月を経過しない者を雇い入れる場合において、その者が当該健康診断の結果を証明する書面を提出したときは、当該健康診断の項目に相当する項目については、この限りでない（労働安全衛生法66条1項、労働安全衛生規則43条）。

　ウ　正しい。　① 事業者は、健康診断の結果（健康診断項目に異常の所見があると診断された労働者に限る）に基づき、当該労働者の健康を保持するために必要な措置について、医師又は歯科医師の意見を聴かなければならない（労働安全衛生法66条の4）。
　　　　　　　　② 事業者は、「健康診断の結果についての医師等からの意見聴取」の規定による医師又は歯科医師の意見を勘案し、その必要があると認めるときは、当該労働者の実情を考慮して、就業場所の変更、作業の転換、労働時間の短縮、深夜業の回数の減少等の措置を講ずるほか、作業環境測定の実施、施設又は設備の設置又は整備、その他の適切な措置を講じなければならない（労働安全衛生法66条の5第1項）。

　エ　誤　り。　特定業務に常時従事する労働者（特定業務従事者）に対しては、当該業務への配置替えの際及び6か月以内ごとに1回（胸部エックス線検査及びかくたんの検査は1年以内ごとに1回）、定期に、所定の項目について医師による健康診断を行わなければならない（労働安全衛生法66条1項、労働安全衛生規則45条）。

問題64：解答　ア

本問は、現行の労働安全衛生法におけるストレスチェック制度についての理解を問うものである。

　A　誤　り。　事業者は、労働安全衛生法66条の10第1項の規定により行う心理的な負担の程度を把握するための検査（ストレスチェック）を受けた労働者に対し、厚生労働省令で定めるところにより、当該検査を行った医師等から当該検査の結果が通知されるようにしなければならない。この場合において、当該医師等は、あらかじめ当該検査を受けた労働者の同意を得ないで、当該労働者の検査の結果を事業者に提供してはならない（労働安全衛生法66条の10第2項）。従って、本記述は、事業者に提供しなければならないとしている点で、誤っている。

　B　正しい。　ストレスチェック制度の主たる目的が、精神疾患発見ではなくメンタルヘルス不調の未然防止にある点は、注意を要する。このことは、審議が行われた衆議院厚生労働委員会の附帯決議において、強調されている。従って、本記述は正しい。

　C　正しい。　常時50人以上の労働者を使用する事業者は、労働者に対し、厚生労働省令で定めるところにより、医師、保健師その他の厚生労働省令で定める者による心理的な負担の程度を把握するための検査を行わなければならない（労働安全衛生法第66条の10第1項、法附則4条、労働安全衛生法施行令5条）。従って、本記述は正しい。

以上により、問題文BCは正しいが、Aは誤っている。従って、正解はアとなる。

58

問題65： 解答　エ

本問は、労働基準法における年少者の保護についての理解を問うものである。

ア　正しい。　使用者は、満18歳に満たない者について、その年齢を証明する戸籍証明書を事業場に備え付けなければならない（労働基準法57条1項）。

イ　正しい。　使用者は、原則として、中学生以下の児童（満15歳に達した日以後の最初の3月31日が終了するまでの児童）を使用することができない（労働基準法56条1項）。ただし、健康・福祉に有害でない軽易な業務に限り、労働基準監督署長の許可を条件に新聞配達等について、修学時間外に働かせることができる（労働基準法56条2項）。

ウ　正しい。　未成年者は、独立して賃金を請求することができ、親権者又は後見人は、未成年者の賃金を代わって受け取ってはならない（労働基準法59条）。

エ　誤　り。　満18歳に満たない者については、原則として、変形労働時間制、フレックスタイム制、36協定による時間外・休日労働および事業の特殊性による労働時間・休憩の特例の適用は認められていない（労働基準法60条1項）。ただし、満15歳以上で満18歳に満たない者（満15歳に達した以後の最初の3月31までの間は除く）については、「1週48時間の範囲内で、1日8時間を超えないという条件を満たせば、1カ月・1年単位変形労働時間制に限って適用を認める」などの例外が設けられている。

問題66： 解答　イ

本問は、労働基準法における母性保護についての理解を問うものである。

ア　正しい。　使用者は、妊産婦を、重量物を取り扱う業務、有害ガスを発散する場所における業務その他妊産婦の妊娠・出産・哺育などに有害な業務に就かせてはならない（労働基準法64条の3第1項）。

イ　誤　り。　使用者は、妊娠中の女性が請求した場合においては、他の軽易な業務に転換させなければならないが産後1年を経過しない女性が請求した場合においては、他の軽易な業務に転換させる義務はない（労働基準法65条3項）。

ウ　正しい。　使用者は、6週間（多胎妊娠の場合は14週間）以内に出産する予定の女性が休業を請求した場合においては、その者を就業させてはならない（労働基準法65条1項）。

エ　正しい。　使用者は、産後8週間を経過しない女性を就業させてはならないが、産後6週間を経過した女性が請求した場合において、その者について医師から支障がないと認めた業務に就かせることは、差し支えない（労働基準法65条2項）。

ワークスタイルコーディネーター認定試験　解答・解説
第２課題．働き方に関する現行法の理解

問題67：　解答　　ウ

本問は、育児介護休業法についての理解を問うものである。

　　ア　正しい。　　「育児介護休業法」は、育児休業及び介護休業に関する制度並びに子の看護休暇及び介護休暇に関する制度を設けるとともに、子の養育及び家族の介護を容易にするため所定労働時間等に関し事業主が講ずべき措置を定めるほか、子の養育又は家族の介護を行う労働者等に対する支援措置を講ずること等により、子の養育又は家族の介護を行う労働者等の雇用の継続及び再就職の促進を図り、もってこれらの者の職業生活と家庭生活との両立に寄与することを通じて、これらの者の福祉の増進を図り、あわせて経済及び社会の発展に資することを目的とする（育児介護休業法１条）。

　　イ　正しい。　　労働者は、その養育する１歳に満たない子について、その事業主に申し出ることにより、育児休業をすることができる。ただし、期間を定めて雇用される者にあっては、次の各号のいずれにも該当するものに限り、当該申出をすることができる（育児介護休業法５条１項）。

　　　　　　　　① 当該事業主に引き続き雇用された期間が１年以上である者
　　　　　　　　② その養育する子が１歳６か月に達する日までに、その労働契約（労働契約が更新される場合にあっては、更新後のもの）が満了することが明らかでない者

　　ウ　誤　り。　　「パパ休暇」とは、母親である労働者の８週間の産後休業の期間内に当該子を養育する者である労働者が育児休業を取得した場合、特別な事情がなくても、再度の育児休業を取得できる制度である。

　　エ　正しい。　　「パパ・ママ育休プラス」は、父母の労働者がともに育児休業を取得する場合には、育児休業可能期間が、子が１歳２か月に達するまでに延長される制度である（育児介護休業法９条の２）。

問題68：　解答　　ウ

　　業務災害とは、業務上の事由による労働者の負傷、疾病、障害又は死亡（以下「傷病等」）をいう。
　　業務上とは、業務が原因となったということであり、業務と傷病等との間に一定の因果関係があることをいう。
　　業務災害に対する保険給付は、労働者が労災保険の適用される事業場（法人・個人を問わず一般に労働者が使用される事業は、適用事業となる。）に雇われて働いていることが原因となって発生した災害に対して行われる。

　　ア　正しい。　　トイレに行くことは、本来、業務ではないが、飲水等とともに生理的な行為として、業務に付随する行為であるとされ、業務遂行性が認められる。また、階段という会社の施設が関係した怪我でもあり、業務上災害となる（公益財団法人　労災保険情報センター　HP）。

　　イ　正しい。　　作業中に、作業を中断して水を飲む行為は業務付随行為であり、また、水を準備する行為についても、それが合理的なものである限り、業務上災害となる（公益財団法人　労災保険情報センター　HP）。

　　ウ　誤　り。　　休憩中であっても、会社施設内にいる限りは業務遂行性があり、災害原因が階段で足を滑らせたという事業場施設に関係していることから業務上災害となる（公益財団法人　労災保険情報センター　HP）。

　　エ　正しい。　　キャッチボールという私的行為が原因の災害であり、特に会社内施設の関与がなければ、業務上災害とはならない（公益財団法人　労災保険情報センター　HP）。

60

問題69：解答　ア

本問は、現行法における配転、出向についての理解を問うものである。

ア　誤　り。　判例は、転勤命令につき業務上の必要性が存する場合であっても、他の不当な動機・目的をもってなされたものであるとき若しくは労働者に対し通常甘受すべき程度を著しく超える不利益を負わせるものであるときには権利濫用になる、としている（東亜ペイント事件・最判昭和61.7.14）。

イ　正しい。　労働契約上勤務場所が特定されている場合、勤務場所の変更には労働者の同意を要する（福岡地小倉支部決定昭和45.10.26）。従って、本記述は正しい。

ウ　正しい。　出向とは、労働者が、自己の雇用先の企業に在籍のまま、他の企業の従業員（ないし役員）となって相当長期間にわたって当該他企業の業務に従事することをいう。在籍出向、長期出張、社外勤務、応援派遣、休職派遣などとも呼ばれる。従って、本記述は正しい。

エ　正しい。　出向の場合には、就業規則・労働協約上の根拠規定や採用の際における同意などの明示の根拠のないかぎりは出向命令権が労働契約の内容になっているということは難しい。逆に言えば、就業規則・詳細な労働協約上の根拠規定がある場合や、労働者への利益の配慮の下、事前の包括的合意がある場合には、労働者との個別的同意がなくとも、出向命令が認められうる（最2小判平成15年4月18日　新日本製鐵事件）。従って、本記述は正しい。

問題70：解答　ア

本問は、労働組合法についての理解を問うものである。

ア　誤　り。　「労働組合」とは、労働者が主体となって自主的に労働条件の維持改善その他経済的地位の向上を図ることを主たる目的として組織する団体、またはその連合団体である（労働組合法2条）。従って、使用者が労働者に命じて組織させた場合は労働組合とはいえない。

イ　正しい。　使用者は、同盟罷業その他の争議行為であって正当なものによって損害を受けたことの故をもって、労働組合又はその組合員に対し賠償を請求することができない（労働組合法8条）。

ウ　正しい。　使用者は、労働者が労働組合の組合員であること、労働組合に加入し、若しくはこれを結成しようとしたこと若しくは労働組合の正当な行為をしたことの故をもって、その労働者を解雇し、その他これに対して不利益な取扱いをすること又は労働者が労働組合に加入せず、若しくは労働組合から脱退することを雇用条件とするなどの不当労働行為をしてはならない。ただし、労働組合が特定の工場事業場に雇用される労働者の過半数を代表する場合において、その労働者がその労働組合の組合員であることを雇用条件とする労働協約を締結することを妨げるものではない（労働組合法7条1号）。

エ　正しい。　使用者が、雇用する労働者の代表者と団体交渉をすることを正当な理由がなく拒んではならない（労働組合法7条2号）。

ワークスタイルコーディネーター認定試験　解答

第1課題. 働き方改革総論

1	2	3	4	5	6	7	8	9	10
ア	エ	ア	ウ	イ	ア	エ	ア	イ	エ
11	12	13	14	15	16	17	18	19	20
イ	エ	エ	ウ	ア	ウ	エ	エ	ア	イ
21	22	23	24	25	26	27	28	29	30
ウ	イ	ウ	エ	ウ	ウ	イ	ウ	イ	イ
31	32	33	34	35					
ア	ウ	ウ	エ	エ					

第2課題. 働き方に関する現行法の理解

36	37	38	39	40	41	42	43	44	45
エ	ア	ウ	エ	ア	イ	イ	エ	イ	ウ
46	47	48	49	50	51	52	53	54	55
イ	ウ	ウ	エ	イ	イ	エ	ウ	ウ	イ
56	57	58	59	60	61	62	63	64	65
イ	ウ	ウ	エ	ア	エ	ア	エ	ア	エ
66	67	68	69	70					
イ	ウ	ウ	ア	ア					

ワークスタイルコーディネーター認定試験　解答用紙

一般財団法人　全日本情報学習振興協会

【働き方検定】ワークスタイルコーディネーター認定試験　制限時間 120 分

氏名

会場名

受験番号

<注意事項>
1. HBまたはBの黒の鉛筆、シャープペンシルで、〇の中を正確にぬりつぶしてください。
2. 訂正の場合は、消しゴムできれいに消し、消しクズなどが残らないようにしてください。
3. 折り曲げたり、汚さないでください。

<マーク例>

良い例	悪い例
●	⊘ ◑ ◐ ● ◍

63

【働き方検定】ワークスタイルコーディネーター認定試験 実物形式問題集 Vol. 1

2018年5月31日　初版第1刷発行

編　者　一般財団法人　全日本情報学習振興協会

発行者　牧野　常夫

発行所　一般財団法人　全日本情報学習振興協会

〒101 - 0061　東京都千代田区神田三崎町 3- 7 -12

清話会ビル 5F

TEL : 03 - 5276 - 6665

発売所　株式会社 アース・スター エンターテインメント

〒107 - 0052　東京都港区赤坂 2 - 14 - 5

Daiwa 赤坂ビル 5 階

TEL : 03 - 5561 - 7630

印刷・製本　大日本法令印刷株式会社

※本書のコピー、スキャン、電子データ化の無断複製は、著作権法上での例外を除き、禁じられています。

※乱丁・落丁は、ご面倒ですが、一般財団法人 全日本情報学習振興協会までお送りください。弊財団にて送料を負担の上、お取り替えいたします。

※定価は、表紙に表示してあります。

ISBN コード　978-4-8030-1206-4　C2034

©2018　一般財団法人 全日本情報学習振興協会　Printed in Japan

ISBN978-4-8030-1206-4
C2034 ￥1000E
発行：全日本情報学習振興協会
発売：アース・スターエンターテイメント
定価 本体1,000円＋税